유토리 일본어 능력시험 N4

길잡이 해설서

사람IN
saram in com

차례 Contents

N4

길잡이 해설서

Part 2 실전 대비 집중 훈련

01 명사

① もんだい 1 한자읽기

확인문제 01 → p.77

✓정답
| 1 | ① | 2 | ③ | 3 | ④ | 4 | ② | 5 | ② |
| 6 | ① | 7 | ④ | 8 | ③ | 9 | ① |

1 ① 医者(いしゃ) 의사
내 꿈은 의사가 되는 것이었습니다.
어휘쏙 ゆめ 꿈

2 ③ 以外(いがい) 이외
야마다 씨 이외는 모두 대학생입니다.
어휘쏙 大学生(だいがくせい) 대학생

3 ④ 田舎(いなか) 시골, 고향
여름방학에 시골에 돌아갈 예정입니다.
어휘쏙 夏休(なつやす)み 여름방학　かえる 돌아가다

4 ② 応接間(おうせつま) 응접실
응접실에 테이블이 놓여져 있었다.
어휘쏙 置(お)く 두다, 놓다

5 ② 財布(さいふ) 지갑
지갑을 잊고 와 버렸다.
어휘쏙 忘(わす)れる 잊다

6 ① 招待(しょうたい) 초대
친구를 생일 파티에 초대했다.
어휘쏙 友(とも)だち 친구　誕生日(たんじょうび) 생일

7 ④ 血(ち) 피
머리에서 피가 났다.
어휘쏙 あたま 머리　出(で)る 나오다

8 ③ 妻(つま) 부인, 아내
아내도 회사에서 일을 하고 있다.
어휘쏙 会社(かいしゃ) 회사　仕事(しごと) 일

9 ① 入学(にゅうがく) 입학
올해 4월에 입학했다.
어휘쏙 今年(ことし) 올해

확인문제 02 → p.78

✓정답
| 1 | ④ | 2 | ② | 3 | ④ | 4 | ① | 5 | ② |
| 6 | ② | 7 | ③ | 8 | ① | 9 | ③ |

1 ④ 葉(は) 잎
가을이 되어 잎이 떨어졌다.
어휘쏙 秋(あき) 가을　落(お)ちる 떨어지다

2 ② 昼間(ひるま) 낮
낮에 은행에 갈 생각입니다.
어휘쏙 銀行(ぎんこう) 은행

3 ④ 文学(ぶんがく) 문학
현대 문학에 흥미가 있다.
어휘쏙 現代(げんだい) 현대　きょうみ 흥미

4 ① 虫(むし) 벌레
이 숲에는 여러 벌레가 살고 있다.
어휘쏙 もり 숲　すむ 살다

5 ② 村(むら) 마을
이 마을에는 강과 산이 많다.
어휘쏙 川(かわ) 강　山(やま) 산　多(おお)い 많다

6 ② 石(いし) 돌
강에 돌을 던지며 놀았다.
어휘쏙 川(かわ) 강　なげる 던지다　遊(あそ)ぶ 놀다

7 ③ 売(う)り場(ば) 매장
어린이 옷 매장은 몇 층입니까?
어휘쏙 子(こ)ども服(ふく) 어린이 옷　何階(なんがい) 몇 층

8 ① 会場(かいじょう) 회장
콘서트장에는 사람이 가득 찼다.

9 ③ 火事(かじ) 화재
겨울은 화재가 발생하기 쉽다.
어휘쏙 冬(ふゆ) 겨울　おきる 일어나다

확인문제 03 → p.79

✓정답
| 1 | ② | 2 | ① | 3 | ④ | 4 | ① | 5 | ③ |
| 6 | ③ | 7 | ④ | 8 | ② | 9 | ① |

[1] ② 関係(かんけい) 관계
저 두 사람은 어떤 관계입니까?
어휘충전 二人(ふたり) 두 사람

[2] ① 機会(きかい) 기회
이 기회를 놓쳐서는 안 된다.
어휘충전 のがす 놓치다

[3] ④ 急行(きゅうこう) 급행
신주쿠까지 급행으로 갔다.

[4] ① 首(くび) 목
목 쪽에 상처가 있었다.
어휘충전 きず 상처　腕(うで) 팔　胸(むね) 가슴　ひげ 수염

[5] ③ 経済(けいざい) 경제
대학에서는 경제에 대해서 공부할 생각이다.
어휘충전 大学(だいがく) 대학　～に ついて ～에 대해서
勉強(べんきょう) 공부

[6] ③ 工業(こうぎょう) 공업
이 나라는 자동차 공업이 번성하고 있다.
어휘충전 国(くに) 나라　自動車(じどうしゃ) 자동차
さかんだ 활발하다, 번성하고 있다

[7] ④ 米(こめ) 쌀
쌀이 없으면 인간은 살 수 없다.
어휘충전 人間(にんげん) 인간　生(い)きる 살다

[8] ② 試合(しあい) 시합
야구 시합을 보러 나갔다.
어휘충전 野球(やきゅう) 야구　出(で)かける 나가다

[9] ① 事務所(じむしょ) 사무실
사무실에서 점심밥을 먹었다.
어휘충전 昼(ひる)ごはん 점심밥

② もんだい2 한자 표기

확인문제 01
　　　　　　　　　　　　　　　　→ p.80

✓정답　[1] ③　[2] ①　[3] ④　[4] ③　[5] ②
[6] ①

[1] ③ 番組(ばんぐみ) 프로그램
이 프로그램은 아이가 봐서는 안 된다.
어휘충전 子(こ)ども 아이

[2] ① 引(ひ)き出(だ)し 서랍
서랍 안에 중요한 서류가 있었다.
어휘충전 大事(だいじ)だ 중요하다　書類(しょるい) 서류

[3] ④ 普通(ふつう) 보통
쉬는 날에는 보통 무엇을 합니까?
어휘충전 休(やす)みの 日(ひ) 쉬는 날

[4] ③ 放送(ほうそう) 방송
라디오에서 지진 방송이 흘러나왔다.
어휘충전 じしん 지진　ながれる 흐르다

[5] ② 貿易(ぼうえき) 무역
우리 회사는 외국과 무역을 하고 있습니다.
어휘충전 会社(かいしゃ) 회사　貿易(ぼうえき) 무역

[6] ① 星(ほし) 별
하늘의 별을 보는 것이 취미입니다.
어휘충전 空(そら) 하늘　しゅみ 취미

확인문제 02
　　　　　　　　　　　　　　　　→ p.81

✓정답　[1] ②　[2] ①　[3] ③　[4] ③　[5] ①
[6] ④

[1] ② 湖(みずうみ) 호수
호수에 많은 새가 있었다.
어휘충전 とり 새

[2] ① 昔(むかし) 옛날
옛날과 비교해서 마을이 상당히 바뀌었다.
어휘충전 くらべる 비교하다　町(まち) 마을　かわる 바뀌다

[3] ③ 約束(やくそく) 약속
너와의 약속을 잊고 있었다.
어휘충전 君(きみ) 너, 자네　忘(わす)れる 잊다

[4] ③ 間(あいだ) 사이, 동안
나는 중국에 있는 동안, 여러 사람을 만났다.
어휘충전 中国(ちゅうごく) 중국　会(あ)う 만나다

5 ① 糸(いと) 실
좀 더 굵은 실은 없습니까?

 ふとい 굵다

6 ④ 受付(うけつけ) 접수(처)
접수처에 왜 아무도 없습니까?

 どうして 왜, 어째서   だれも 아무도, 누구도

확인문제 03
→ p.82

✓정답   1 ①   2 ①   3 ②   4 ①   5 ②
      6 ③

1 ① 運転手(うんてんしゅ) 운전사
버스 운전사는 여성이었다.

 バス 버스   女性(じょせい) 여성

2 ③ 枝(えだ) 가지
나뭇가지는 부러져 있었다.

 木(き) 나무   おれる 부러지다

3 ② 屋上(おくじょう) 옥상
옥상에서 밤하늘을 바라보았다.

 よぞら 밤하늘   ながめる 바라보다

4 ① 会議(かいぎ) 회의
회의에는 사장님도 참가합니다.

 社長(しゃちょう) 사장   参加(さんか) 참가

5 ② 海岸(かいがん) 해안
해안에 많은 배가 있었다.

 船(ふね) 배

6 ③ 季節(きせつ) 계절
최근에는 전혀 계절을 느낄 수 없다.

 さいきん 최근   ぜんぜん 전혀   感(かん)じる 느끼다

③ もんだい3 문맥규정

확인문제 01
→ p.83

✓정답   1 ②   2 ①   3 ③   4 ④   5 ②
      6 ②   7 ②   8 ①   9 ①   10 ④

1 ② ふくしゅう 복습
매일 복습하지 않으면 수업을 따라갈 수 없다.

 まいにち 매일   じゅぎょう 수업   ついて いく 따라가다
しけん 시험   せんもん 전문, 전공   きょういく 교육

2 ① いか 이하
19세 이하의 분은 이 프로그램을 볼 수 없습니다.

 さい 세   方(かた) 분   ばんぐみ 프로그램
いし 돌   いぜん 이전   いけん 의견

3 ③ たいふう 태풍
내일쯤 태풍이 올라오니 주의해 주세요.

 あした 내일   ごろ 쯤, 경   上(あ)がる 오르다, 올라오다
ちゅうい 주의   じしん 지진   かじ 화재   みずうみ 호수

4 ④ うけつけ 접수(처)
모르는 것이 있으면 접수처에서 물어주세요.

 わかる 알다   たずねる 묻다, 방문하다
けんきゅうしつ 연구실   おうせつま 응접실
おくじょう 옥상

5 ② ゆしゅつ 수출
이 나라는 미국에 카메라를 수출하고 있습니다.

 くに 나라   カメラ 카메라   じゅうしょ 주소
せいさん 생산   ぼうえき 무역

6 ② しんぱい 걱정
그의 병은 부모님을 심하게 걱정시켰다.

 びょうき 병   りょうしん 양친, 부모님   ひどい 심하다
しょうたい 초대   じゅんび 준비   しょうかい 소개

7 ② あんない 안내
과장님의 안내로 그 공장을 둘러보았다.

 かちょう 과장   こうじょう 공장   みる 보다
まわる 돌다   うんどう 운동   けんぶつ 구경
よてい 예정

8 ① さいご 최후, 마지막
마지막에 그 이야기가 진짜라는 것을 알았다.

 話(はなし) 이야기   ほんとう 정말, 진짜   わかる 알다
さいきん 최근, 요즘   さっき 조금 전
さいてい 최저, 최악

9 ① さらいしゅう 다다음 주
이번 주의 다음 다음은 다다음 주입니다.

 こんしゅう 이번 주   つぎ 다음   せんしゅう 저번 주
らいしゅう 다음 주

10 ④ やくそく 약속
그는 생일 선물로 카메라를 준다고 **약속**했다.

 たんじょうび 생일　おくりもの 선물
くれる (남이 나에게) 주다　よやく 예약　よしゅう 예습
よほう 예보

확인문제 02　→ p.84

| 1 ③ | 2 ① | 3 ④ | 4 ① | 5 ② |
| 6 ③ | 7 ① | 8 ④ | 9 ① | 10 ① |

1 ③ ちから 힘
이 짐은 내 **힘**으로는 들 수 없습니다.

 にもつ 짐　もつ 들다　とこや 이발소　げんき 건강
つくえ 책상

2 ① げんいん 원인
그 사고의 **원인**을 조사했습니다만, 모르겠습니다.

 じこ 사고　しらべる 조사하다, 살피다　わかる 알다
あいさつ 인사　ばあい 경우　りゆう 이유

3 ④ こえ (사람의 목) 소리
소리를 내어 책을 읽는 편이 외우기 쉽습니다.

 出(だ)す 내다　ほん 책　よむ 읽다　おぼえる 외우다
동사ます형+やすい ～하기 쉽다　みみ 귀
おと (사물의) 소리　くち 입

4 ① ゆめ 꿈
돌아가신 아버지를 만나는 **꿈**을 꿨다.

 なくなる 돌아가시다　ちち 아버지　あう 만나다
うそ 거짓말　かがみ 거울　はなし 이야기

5 ② けいけん 경험
이런 **경험**은 처음이었기 때문에 밤에도 자지 못했다.

 はじめて (경험상의) 처음　よる 밤　ねる 자다
はんたい 반대　かんたん 간단　ゆにゅう 수입

6 ③ こしょう 고장
기계가 **고장**나서 전혀 움직이지 않는다.

 きかい 기계　ぜんぜん 전혀　うごく 움직이다
しっぱい 실패, 실수　うんどう 운동　せつめい 설명

7 ① にさつ 두 권
두 권의 책이 책꽂이에 있었습니다.

 本(ほん) 책　ほんだな 책꽂이　ほん 가늘고 긴 것을 세
는 단위　～まい ～장　～だい ～대

8 ④ かない 아내
아내는 집에서 아이의 작문 숙제를 도왔습니다.

 いえ 집　こども 아이　さくぶん 작문
しゅくだい 숙제　てつだう 돕다　かびん 꽃병
かぎ 열쇠　かいだん 계단

9 ① じかん 시간
바빠서 그녀를 만날 **시간**이 없습니다.

 いそがしい 바쁘다　～に あう ～을(를) 만나다
ぼうし 모자　てがみ 편지　じしょ 사전

10 ① しつもん 질문
선생님, 모르는 문제가 있습니다만, **질문**해도 됩니까?

 せんせい 선생님　わかる 알다　もんだい 문제
れんしゅう 연습　じゅぎょう 수업　べんきょう 공부

확인문제 03　→ p.85

| 1 ② | 2 ② | 3 ④ | 4 ① | 5 ③ |
| 6 ② | 7 ④ | 8 ② | 9 ② | 10 ① |

1 ② いっか 일가
야마다 씨 **일가**는 오키나와에 여행 갔습니다.

 りょこう 여행　かぞく 가족　みんな 모두　おたく 댁

2 ② あかちゃん 아기
아기가 태어나서 모두 기뻐했다.

 うまれる 태어나다　よろこぶ 기뻐하다　だんせい 남성
そぼ 할머니　おじさん 아저씨

3 ④ せんせい 선생님
어머니는 초등학교 **선생님**입니다.

 母(はは) 어머니　小学校(しょうがっこう) 초등학교
けいかん 경관　すり 소매치기　とこや 이발소

4 ① かいしゃいん 회사원
은행에서 일하고 있는 사람은 **회사원**입니다.

 ぎんこう 은행　はたらく 일하다　こうむいん 공무원
かんごふ 간호사　こうちょう 교장

5 ③ うんてんしゅ 운전사
택시 **운전사**는 길을 잘 알고 있습니다.

　　道(みち) 길　知(し)る 알다　てんいん 점원
　　アルバイト 아르바이트　おとうと 남동생

6 ② きもの 기모노

설날에 일본인은 대체로 기모노를 입습니다.

　　お正月(しょうがつ) 설날　着(き)る 입다　したぎ 속옷
　　ゆびわ 반지　てぶくろ 장갑

7 ④ サンダル 샌들

근처에서 쇼핑할 때는 샌들을 신고 갑니다.

　　きんじょ 이웃　かいもの 쇼핑　はく 신다
　　オーバー 오버　リング 반지　スタンド 주유소

8 ② てら 절

교토에는 오래된 절이 많이 있습니다.

　　古(ふる)い 오래되다　ほし 별　そら 하늘
　　おみあい 맞선

9 ② かいじょう 행사를 하는 장소

전람회 행사장은 이 건물의 5층에 있습니다.

　　てんらんかい 전람회　おくじょう 옥상
　　こうじょう 공장　おうせつま 응접실

10 ① いなか 시골

할머니가 시골에서 귤을 보내 주었습니다.

　　祖母(そぼ) 할머니　おくる 보내다　こうがい 교외
　　きんじょ 이웃, 근처　うけつけ 접수(처)

⑤ もんだい 5 용법

확인문제 01

→ p.86

✓정답　1 ④　2 ②　3 ③　4 ④　5 ④

1 ④ るす 집을 비움

1 조용히 집에서 공부했습니다. → しずか 조용함
2 지난 주에 친구와 미국에 여행갔습니다. → りょこう 여행
3 야마다 씨는 쉬는 동안에 무엇을 합니까? → やすみ 휴가
4 선생님 댁에 방문했습니다만, 안 계셨습니다.

　　家(いえ) 집　べんきょう 공부　友(とも)だち 친구
　　あいだ 사이, 동안　先生(せんせい) 선생님
　　ほうもん 방문

　　「るす」는 집에 없는 것을 의미한다. 만일 「もんだい 4」 바꿔
　　말하기에서 출제된다면 「だれもいない」와 같은 의미가 된다.

2 ② はいけん 「見る(보다)」의 겸양어

1 말씀하시는 것은 잘 알겠습니다. → わかる 알다
2 선생님이 쓴 책은 이미 보았습니다.
3 거기에 있는 텔레비전을 잠시 봐 주세요.
　　→ ごらんになる 「見る(보다)」의 존경어
4 부장님은 지금 자리에 안 계십니다.
　　→ せきを はずす 자리를 비우다

　　おっしゃる 「言う(말하다)」의 존경어
　　先生(せんせい) 선생님　かく 쓰다　本(ほん) 책
　　もう 이미, 벌써　ぶちょう 부장　いま 지금　せき 좌석

　　존경과 겸양 표현은 N4에서 매번 출제된다. 그 외에 「わかる
　　(알다)」의 겸양어 「かしこまる」, 「あう(만나다)」의 겸양어 「お
　　めにかかる」, 「たずねる(방문하다)」의 겸양어 「うかがう」도
　　같이 암기해 두자.

3 ③ レジ 계산(대)

1 커피숍에서 친구와 함께 커피를 마셨습니다.
　　→ 友(とも)だち 친구(다양한 어휘가 올 수 있음)
2 선생님의 펜은 책상 위에 있습니다.
　　→ ペン 펜(다양한 어휘가 올 수 있음)
3 계산대 앞에 많은 사람이 줄 서 있었습니다.
4 피자를 주문해서 다같이 먹었습니다.
　　→ ピザ 피자(다양한 어휘가 올 수 있음)

　　きっさてん 커피숍　～と いっしょ ～와(과) 함께
　　のむ 마시다　つくえ 책상　上(うえ) 위　前(まえ) 앞
　　ならぶ 줄서다　ちゅうもん 주문　たべる 먹다

　　「けいさん」은 수학적인 개념으로서 '바른 계산', '계산 문제'
　　라는 의미이다. 따라서 물건값의 계산이나 계산대는 「レジ」를
　　사용한다. 「レジ」와 같은 의미로 「勘定(かんじょう)」, 「会計
　　(かいけい)」도 있지만, N4의 어휘는 아니다.

4 ④ したく (식사나 외출) 준비

1 이것을 똑바로 펴 주세요. → まっすぐ 똑바로
2 오늘은 이것으로 종료하겠습니다. → しゅうりょう 종료
3 뭔가 볼일이 있다면 이야기해 주세요. → ようじ 볼일
4 어머니는 식사 준비로 매우 바쁩니다.

　　のばす 펴다　きょう 오늘　いたす 「する(하다)」의 겸양어
　　話(はな)す 이야기하다　お+동사ます형+ください 존경
　　표현　お母(かあ)さん 어머니　しょくじ 식사
　　いそがしい 바쁘다

　　「したく」는 식사나 외출 준비 외에는 사용할 수 없다. 그 외의
　　준비는 「ようい」, 「じゅんび」를 사용한다.

5 ④ パソコン PC

1 차는 주유소에서 가솔린을 넣습니다. → スタンド 주유소

2 이것은 개인의 자존심 문제입니다.

　→ プライド 프라이드, 자존심

3 눈물이 나서 손수건으로 닦았다. → ハンカチ 손수건

4 지금은 대부분의 집에 PC가 있습니다.

 車(くるま) 차　ガソリン 가솔린　いれる 넣다
もんだい 문제　なみだ 눈물　出(で)る 나오다, 나가다
今(いま) 지금　ほとんど 거의　家(いえ) 집

정답찾기 ～ 「パソコン」은 「パーソナル・コンピューター」의 줄인 말이다. 「スタンド」도 「ガソリンスタンド」의 줄인 말이다.

확인문제 02

→ p.87

정답　1 ①　2 ④　3 ④　4 ①　5 ①

1 ① わりあい　비율
1 이 회사는 여성의 비율이 높군요.
2 후쿠오카는 다른 도시에 비해서 물건이 비교적 쌉니다.
　→ わりあいに 비교적
3 사치코 씨의 어머니가 생각보다 젊어서 깜짝 놀랐다.
　→ 思(おも)ったより 생각보다
4 이 일은 가능한 한 저에게 하게 해 주세요.
　→ なるべく 가능한 한

어휘총정리 会社(かいしゃ) 회사　じょせい 여성　たかい 높다
ほか 다른　とし 도시　～に くらべて ～와(과) 비교해서
やすい 싸다　お母(かあ)さん 어머니　わかい 젊다
びっくりする 깜짝 놀라다　しごと 일
やらせる 하게 하다

정답찾기 ～ 부사는 그 의미를 정확하게 암기하지 않으면 틀리기 쉽다. 「わりあい」와 「わりあいに」를 정확하게 구분해야 한다.

2 ④ ほんやく　번역
1 친구가 스미스 씨의 이야기를 통역했다. → つうやく 통역
2 감기로 감기 약을 샀습니다. → かぜ 감기
3 이케다 씨에게 부탁해서 돈을 빌렸다. → おねがい 부탁
4 영어 번역을 해서 생활하고 있습니다.

어휘총정리 友(とも)だち 친구　話(はなし) 이야기
かぜぐすり 감기약　買(か)う 사다　お金(かね) 돈
かりる 빌리다　えいご 영어　せいかつ 생활

정답찾기 ～ 보기 1번이 정답이 될 수 없는 것은 이야기는 번역하는 것이 아니라 통역하는 것이기 때문이다.

3 ④ スクリーン　스크린
1 선생님은 시험 대신에 리포트를 냈습니다.
　→ レポート 리포트
2 그녀와 함께 이번 주말에 스키를 탈 생각이다.

→ スキー 스키

3 텔레비전 화면이 고장나서 수리에 맡겼다.
　→ 画面(がめん) 화면

4 영화를 보러 갔습니다만, 스크린이 작아서 잘 보이지 않았다.

어휘총정리 先生(せんせい) 선생님　しけん 시험
～のかわりに ～대신에　出(だ)す 내다
～と いっしょに ～와(과) 함께　しゅうまつ 주말
こわれる 부서지다, 고장나다　しゅうり 수리
映画(えいが) 영화　見(み)る 보다　行(い)く 가다
小(ちい)さい 작다　見(み)える 보이다

정답찾기 ～ 「カタカナ」의 올바른 사용법은 자주 출제되므로 가타카나어를 철저히 암기해 두어야 한다.

4 ① えんりょ　삼감
1 담배는 삼가해 주세요.
2 모두가 있는 곳에서 떠들어서는 민폐입니다.
　→ めいわく 민폐
3 앞으로도 잘 부탁합니다. → おねがい 부탁
4 밤늦게 피아노를 치는 것은 다른 사람에게 민폐입니다.
　→ めいわく 민폐

어휘총정리 ところ 곳, 장소　さわぐ 떠들다　これから 앞으로
よる 밤　おそい 늦다　ひく 연주하다　ほか 다른

정답찾기 ～ 「ごえんりょなく」는 '사양하지 마세요'라는 의미이다. 그리고 보기 2번과 4번의 「めいわく」는 「めいわくを かける(폐를 끼치다)도 암기해 두자.

5 ① わけ　이유
1 늦은 이유를 물어도 대답해 주지 않았다.
2 오늘 이렇게 내리고 있으니 내일도 틀림없이 눈이 내릴 것이다. → はずだ 틀림없이 ～일 것이다
3 다른 사람에게는 항상 진지하게 말해야 한다.
　→ べきだ ～해야 한다
4 야마다 씨는 항상 변명만 하고 있다. → いいわけ 변명

어휘총정리 おそい 늦다　きく 묻다　こたえる 대답하다
～て くれる ～해 주다　きょう 오늘
こんなに 이렇게　ふる 내리다　あした 내일
ゆき 눈　人(ひと) 남, 사람　いつも 항상
まじめだ 성실하다, 진지하다　ばかり 뿐, 만

정답찾기 ～ 「わけがない(이유가 없다)」도 같이 암기하자.

확인문제 03

→ p.88

정답　1 ④　2 ②　3 ③　4 ①　5 ③

1 ④ ようじ 볼일

1 모두와 함께 갈 테니 걱정하지 말아 주세요.
　→ しんぱい 걱정
2 내일 모임을 위해서 여러 가지 것을 준비했습니다.
　→ じゅんび・ようい 준비
3 어머니는 식사 준비로 매우 바쁩니다.
　→ したく 준비
4 뭔가 볼일이 있으면 이 벨을 눌러 주세요.

어휘출전 行(い)く 가다　あした 내일　あつまり 모임
　　　　～の ために ~을(를) 위해서　いろいろ 여러 가지
　　　　おかあさん 어머니　しょくじ 식사　いそがしい 바쁘다
　　　　ベール 벨　おす 누르다

정답찾기 어휘의 구성이 비슷한 단어로 「ようい (준비)」가 있는데, 철자
에 주의해서 암기하자.

2 ② おみあい 맞선

1 일본은 많은 축제가 있습니다. → おまつり 축제
2 어제, 선배의 소개로 선을 봤다.
3 아픈 친구의 병문안을 갔습니다. → おみまい 병문안
4 여러 모로 신세를 져서 인사(답례)를 했다.
　→ おれい 인사, 답례

어휘출전 日本(にほん) 일본　きのう 어제　せんぱい 선배
　　　　しょうかい 소개　病気(びょうき)に なる 병들다
　　　　ともだち 친구　いろいろ 여러 가지
　　　　お世話(せわ)に なる 신세를 지다

정답찾기 「おみあい」는 「おみまい」나 「おれい」와 비교해서 출제될 수
　가 있으므로 철자에 주의해서 암기해야 한다.

3 ③ マッチ 성냥

1 이 마을은 매우 조용하군요. → まち 마을
2 그녀는 항상 스커트를 입고 있다. → スカート 스커트
3 담배를 피우기 위해서 성냥을 빌렸다.
4 남동생은 침대 위에서 자고 있었다. → ベッド 침대

어휘출전 しずかだ 조용하다　はく 입다　すう 피우다
　　　　かりる 빌리다　おとうと 남동생　ねる 자다

정답찾기 「マッチを つける(성냥을 켜다)」도 같이 암기해 두자.

4 ① つかまえる 붙잡다

1 경찰관은 그 도둑을 잡았다.
2 테이블 위의 간장을 집어 주세요. → とる 집다
3 파티를 위해, 모두 모였다. → あつまる 모이다
4 컵이 깨져서 치웠다. → われる 깨지다

어휘출전 けいかん 경찰관　どろぼう 도둑　上(うえ) 위
　　　　しょうゆ 간장　かたづける 치우다

정답찾기 물건을 잡거나 쥘 때는 「とる」라는 동사를 사용한다.

5 ③ とっきゅう 특급

1 생선을 굽는 좋은 냄새가 납니다. → におい 냄새
2 저 슈퍼에는 상품이 많이 있습니다. → しょうひん 상품
3 이번에 타는 전철은 특급입니다.
4 쓰레기를 버리는 날은 금요일입니다. → ゴミ 쓰레기

어휘출전 さかな 생선　やける 굽다　こんど 이번
　　　　乗(の)る 타다　電車(でんしゃ) 전철
　　　　すてる 버리다　日(ひ) 날　金(きん)よう日(び) 금요일

정답찾기 보통 전철은「普通」또는「各駅」이라고 하는데, 보통 전철이
　모든 역(각 역)에 전부 멈추기 때문이다.

02 동사

① もんだい1 한자읽기

확인문제 01　　　　　　　　　　→ p.90

✓**정답**
| 1 ③ | 2 ④ | 3 ① | 4 ② | 5 ③ |
| 6 ② | 7 ① | 8 ④ | 9 ② | |

1 ③ 起(お)きる 일어나다
항상 아침 일찍 일어나지만, 오늘은 늦잠을 잤다.

어휘출전 いつも 항상　あさはやく 아침 일찍　今日(きょう) 오늘
　　　　ねぼうする 늦잠을 자다

2 ④ 答(こた)える 대답하다
선생님의 질문에 대답하는 학생은 아무도 없었다.

어휘출전 先生(せんせい) 선생님　しつもん 질문　せいと 학생
　　　　だれも 아무도

3 ① 進(すす)む 나아가다
그들은 숲 속을 3킬로 나아갔다.

어휘출전 ～ら 복수형　もり 숲　なか 안

4 ② 集(あつ)める 모으다
아이들을 모아서 야구를 하자.

어휘출전 子供(こども) 아이　やきゅう 야구

5 ③ 帰(かえ)る 돌아가다(오다)
일이 끝나고 바로 돌아왔다.

어휘출전 仕事(しごと) 일　おわる 끝나다　すぐ 바로

6 ② 借(か)りる 빌리다
전화를 빌려도 되겠습니까?

어휘출전 電話(でんわ) 전화　お+동사ます형+する 겸양 표현
　　　　よろしい 「いい(좋다)」의 정중한 표현

7 ① 建(た)てる 세우다
이 빌딩이 세워진 것은 지금부터 10년 전입니다.

어휘숙어 今(いま)から 지금부터 　～年前(ねんまえ) ~년 전

8 ④ 開(ひら)く 열다
오늘부터 과자 가게를 열 생각입니다.

어휘숙어 今日(きょう) 오늘 　おかし 과자 　みせ 가게

9 ② 合(あ)う 맞다
입에 맞는지 어떤지 모르겠습니다만, 많이 드세요.

어휘숙어 口(くち) 입 　～か どうか ~인지 아닌지
わかる 알다 　たべる 먹다

확인문제 02

→ p.91

정답
| 1 ③ | 2 ② | 3 ① | 4 ④ | 5 ③ |
| 6 ① | 7 ④ | 8 ② | 9 ③ | |

1 ③ 通(とお)る 지나다
일본에서는 차는 왼쪽으로 지난다.

어휘숙어 日本(にほん) 일본 　車(くるま) 차 　ひだり 왼쪽

2 ② 働(はたら)く 일하다
형은 자전거 공장에서 일하고 있다.

어휘숙어 自転車(じてんしゃ) 자전거 　こうじょう 공장

3 ① 焼(や)く 굽다, 태우다
어딘가에서 생선을 굽고 있다.

어휘숙어 さかな 생선

4 ④ 迎(むか)える 맞이하다, 마중하다
공항에 손님을 마중하러 갔다.

어휘숙어 くうこう 공항 　お客(きゃく)さん 손님

5 ③ 回(まわ)る 돌다
처음 가는 곳이었기 때문에 같은 곳을 돌고 있었다.

어휘숙어 はじめて 처음 　同(おな)じ 같음

6 ① 引(ひ)っ越(こ)す 이사하다
지난 주 회사 근처로 이사왔다.

어휘숙어 せんしゅう 지난 주 　会社(かいしゃ) 회사
近(ちか)く 근처

7 ④ 冷(ひ)える 차가워지다
시간이 흘러 커피가 차가워져 버렸다.

어휘숙어 たつ 경과하다

8 ② 運(はこ)ぶ 운반하다
짐을 운반하고 있는 사람이 남동생입니다.

어휘숙어 にもつ 짐 　おとうと 남동생

9 ③ 残(のこ)る 남다
남아 있는 것은 이것밖에 없다.

어휘숙어 ～しかない ~밖에 없다

확인문제 03

→ p.92

정답
| 1 ④ | 2 ③ | 3 ② | 4 ① | 5 ④ |
| 6 ② | 7 ① | 8 ③ | 9 ④ | |

1 ④ 盗(ぬす)む 훔치다
어제 지갑을 도둑맞았다.

어휘숙어 昨日(きのう) 어제 　さいふ 지갑

2 ③ 鳴(な)る 울다
시계의 알람이 울리고 있다.

어휘숙어 時計(とけい) 시계 　アラーム 알람

3 ② 直(なお)す 고치다
고장난 비디오를 고쳤다.

어휘숙어 こわれる 고장나다, 부서지다

4 ① 泊(と)まる 머물다
오늘은 여기서 머물자.

어휘숙어 今日(きょう) 오늘

5 ④ 包(つつ)む 포장하다
예쁘게 포장해 주세요.

어휘숙어 きれいだ 예쁘다, 깨끗하다

6 ② 足(た)りる 충분하다
양은 이것으로 충분하다.

어휘숙어 量(りょう) 양

7 ① 訪(たず)ねる 방문하다
갑자기 고등학교 친구가 방문해 왔다.

어휘숙어 いきなり 갑자기 　高校(こうこう) 고등학교

8 ③ 捨(す)てる 버리다
여기에 있는 것은 버리지 말아주세요.

9 ④ 調(しら)べる 조사하다
선생님은 학생이 제출한 자료를 조사했다.
[어휘충전] せいと 학생　出(だ)す 내다, 제출하다
資料(しりょう) 자료

② もんだい2 한자 표기

확인문제 01　　→ p.93

✓정답 　1 ②　2 ③　3 ①　4 ②　5 ①
　6 ④

1 ② 終(お)わる 끝나다
시험은 곧 끝나니까 좀 더 기다려 주세요.
[어휘충전] しけん 시험　すぐ 곧　まつ 기다리다

2 ③ 作(つく)る 만들다
이 공장에서는 자전거를 만들고 있습니다.
[어휘충전] こうじょう 공장　じてんしゃ 자전거

3 ① 貸(か)す 빌리다
그에게 5만 엔 빌려 주지 않을지 부탁해 보자.
[어휘충전] ～万円(まんえん) ～만 엔　～て くれる ～해 주다
たのむ 부탁하다

4 ② 知(し)る 알다
학생이 적어서 수업이 없어졌다는 것을 지금 알았다.
[어휘충전] せいと 학생　すくない 적다　じゅぎょう 수업
なくなる 없어지다　いま 지금

5 ① 参(まい)る 「行く(가다)・来る(오다)」의 겸양어
이제 곧 전철이 들어옵니다. 주의해 주세요.
[어휘충전] まもなく 머지않아　電車(でんしゃ) 전철
気(き)を つける 주의하다

6 ④ 間違(まちが)う 틀리다
수학 계산이 틀렸다.
[어휘충전] すうがく 수학　けいさん 계산

확인문제 02　　→ p.94

✓정답 　1 ④　2 ②　3 ③　4 ①　5 ③
　6 ①

1 ④ 掛(か)ける 걸다
그 시계는 벽에 걸어주세요.
[어휘충전] とけい 시계　かべ 벽

2 ② 驚(おどろ)く 놀라다
그 소식을 듣고 놀랐다.
[어휘충전] しらせ 소식

3 ③ 通(かよ)う 다니다
이 학교에 다닌 적이 있다.
[어휘충전] 学校(がっこう) 학교

4 ① 手伝(てつだ)う 돕다, 거들다
시간이 있으면 도와주세요.
[어휘충전] じかん 시간

5 ③ 取(と)り替(か)える 바꾸다
샀을 때부터 고장나 있었기 때문에 바꿔 주세요.
[어휘충전] かう 사다　こわれる 고장나다

6 ① 祈(いの)る 기도하다, 기원하다
당신의 합격을 기원하겠습니다.
[어휘충전] ごうがく 합격

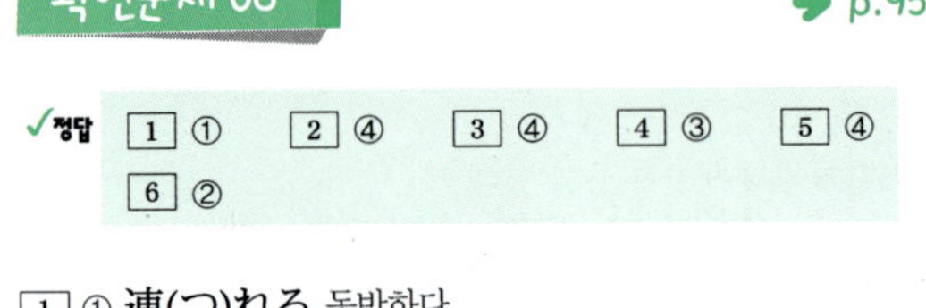

확인문제 03　　→ p.95

✓정답 　1 ①　2 ④　3 ④　4 ③　5 ④
　6 ②

1 ① 連(つ)れる 동반하다
아이를 데리고 공원에 갔다.
[어휘충전] 公園(こうえん) 공원

2 ④ 申(もう)す 「言う(말하다)」의 겸양어
처음 뵙겠습니다. 야마다라고 합니다.

3 ④ 間(ま)に合(あ)う 시간이나 양이 맞다
지금 출발해도 시간에 맞지 않다.
[어휘충전] 今(いま) 지금　出発(しゅっぱつ) 출발

4 ③ 勝(か)つ 이기다
시합에 이긴 것은 누구입니까?
[어휘충전] しあい 시합

5 ④ 集(あつ)まる 모이다(자동사)
모두 모여서 영화를 보러 가기로 했다.

えいが 영화　～ことに する ～하기로 하다

6 ② **怒(おこ)る** 화내다
당신이 화를 내는 이유는 무엇입니까?

어휘충전 りゆう 이유

③ もんだい3 문맥 규정

확인문제 01

→ p.96

✓정답
| 1 | ② | 2 | ④ | 3 | ① | 4 | ③ | 5 | ③ |
| 6 | ② | 7 | ④ | 8 | ④ | 9 | ① | 10 | ④ |

1 ② **つれる** 동반하다
아버지는 아이를 데리고 바다에 낚시하러 갔다.

어휘충전 お父(とう)さん 아버지　海(うみ) 바다　つり 낚시
동사ます형+に いく ～하러 가다　つつむ 포장하다
つる 낚다　つける 붙이다, 켜다

2 ④ **わかす** 끓이다
물을 끓여 차를 마시면 조금 좋아집니다.

어휘충전 おゆ 뜨거운 물　お茶(ちゃ) 차　飲(の)む 마시다
すこし 조금　わかれる 헤어지다　われる 깨지다
わらう 웃다

3 ① **とどける** 배달하다, 신고하다, 알리다
주운 돈을 파출소에 신고했다.

어휘충전 ひろう 줍다　金(かね) 돈　こうばん 파출소
とりかえる (새 것으로) 바꾸다　とおる 지나다, 통과하다
とめる 세우다

4 ③ **やせる** 야위다
이 2개월 간에 3킬로나 야위었다.

어휘충전 ～か月間(げつかん) ～개월 간　やめる 그만두다
やく 태우다, 굽다　やむ (비가) 그치다

5 ③ **ぬれる** 젖다
비로 옷이 젖어 버렸다.

어휘충전 雨(あめ) 비　ふく 옷　～て しまう ～해 버리다
ぬる (페인트 등을) 칠하다　ぬすむ 훔치다
ねむる 자다, 파묻히다

6 ② **むかえる** 맞이하다
결혼하고 나서 두 번째의 봄을 맞이한다.

어휘충전 けっこん 결혼　～てから ～하고 나서

～度目(どめ) ～번째　はる 봄　みつける 발견하다
むかう 향하다　もどる 되돌아오다

7 ④ **ふむ** 밟다
친구의 발을 밟아 버렸다.

어휘충전 友(とも)だち 친구　足(あし) 다리, 발　ひらく 열다
ふとる 살찌다　ひろう 줍다　まがる 돌다, 꺾다

8 ④ **まける** 패하다
나는 친구와 테니스를 하면 항상 진다.

어휘충전 ともだち 친구　いつも 항상　まがる 돌다, 꺾이다
まわる 돌다　まちがえる 틀리다

9 ① **あらう** 씻다
항상 매일 아침 세수를 합니다.

어휘충전 いつも 항상　まいあさ 매일 아침　かお 얼굴
あるく 걷다　あびる 덮어쓰다　あそぶ 놀다

10 ④ **わたす** 건네다
이 사전을 선배에게 건네 주세요.

어휘충전 じしょ 사전　せんぱい 선배　かえる 돌아가다, 돌아오다
わすれる 잊다　みがく 닦다

확인문제 02

→ p.97

✓정답
| 1 | ④ | 2 | ① | 3 | ① | 4 | ④ | 5 | ② |
| 6 | ③ | 7 | ③ | 8 | ② | 9 | ④ | 10 | ② |

1 ④ **なく** (동물이나 사람이) 울다
나무 위에서 작은 새가 울고 있었습니다.

어휘충전 木(き) 나무　うえ 위　ちいさい 작다
小鳥(ことり) 작은 새　きえる 꺼지다, 사라지다
さく 꽃이 피다　しめる 닫다

2 ① **まがる** 돌다
오른쪽으로 돌아가면, 도쿄 역이 있습니다.

어휘충전 みぎ 오른쪽　ほう 쪽　いく 가다　えき 역
つたえる 전하다　はる 붙이다　つく 도착하다

3 ① **ならう** 배우다
운전과 자전거는 한 번 배우면 평생 잊지 않는다고 합니다.

어휘충전 うんてん 운전　じてんしゃ 자전거　いちど 한 번
いっしょう 평생　わすれる 잊다　はいる 들어가다
はたらく 일하다　つとめる 근무하다

4 ④ **ひく** 연주하다
기타를 연주하고 있는 사람이 고등학교 친구입니다.

> **어휘총정** こうこう 고등학교　ともだち 친구　すわる 앉다
> たのむ 부탁하다　はしる 달리다

5 ② **すてる** 버리다
쓰레기를 여기에 버려서는 안 됩니다.

> **어휘총정** ゴミ 쓰레기　〜ては いけません 〜해서는 안 됩니다
> たてる 세우다　もつ 들다, 가지다　かける 걸다

6 ③ **まにあう** 시간이나 양에 맞다
지금 출발해도 시간에 맞을 것 같지도 않다.

> **어휘총정** いま 지금　しゅっぱつ 출발　時間(じかん) 시간
> 동사ます형+そうも ない 〜할 것 같지도 않다
> のる 타다　おりる 내리다　おくれる 늦다

7 ③ **かわく** 마르다
날씨가 나빠서 스웨터가 전혀 마르지 않았다.

> **어휘총정** てんき 날씨　わるい 나쁘다　ぜんぜん 전혀
> かわる 바뀌다　かよう 다니다
> かたづける 치우다, 정리하다

8 ② **ひえる** 차가워지다, 추워지다
오늘 아침에는 매우 추웠다.

> **어휘총정** けさ 오늘 아침　ひじょうに 매우　はこぶ 운반하다
> はらう 지불하다　ほめる 칭찬하다

9 ④ **たずねる** 방문하다
선생님, 내일 오전 중에 찾아뵈어도 괜찮겠습니까?
せんせい 선생님　あした 내일　午前中(ごぜんちゅう) 오전 중

> **어휘총정** 〜ても よろしいでしょうか 〜해도 좋겠습니까?
> たおれる 쓰러지다　たりる 충분하다　たのしむ 즐기다

10 ② **よごれ** 더러움
바지에 묻은 더러움이 전혀 지지 않는다.

> **어휘총정** つく 묻다　ぜんぜん 전혀　おちる 떨어지다
> ゆれ 흔들림　よろこび 기쁨

확인문제 03 → p.98

✓**정답**

1 ①	2 ④	3 ②	4 ④	5 ③
6 ②	7 ②	8 ④	9 ④	10 ④

1 ① **とどける** 배달하다
쇼핑한 물건을 점원이 배달해 주었습니다.

> **어휘총정** てんいん 점원　〜て くれる 〜해 주다
> のりかえる 갈아타다　とおる 지나다
> とめる 세우다, 멈추다

2 ④ **やむ** (비나 눈이) 그치다
저번 주부터 내린 비가 겨우 그쳤다.

> **어휘총정** せんしゅう 저번 주　ふる 내리다　あめ 비
> やっと 겨우　やめる 그만두다　やく 굽다, 태우다
> やせる 야위다

3 ② **ぬすむ** 훔치다
선생님의 눈을 피해서 커닝했다.

> **어휘총정** せんせい 선생님　目(め) 눈　ぬる 칠하다　ぬれる 젖다
> ねむる 자다

4 ④ **もどる** 되돌아오다
외출한 아들이 언제 돌아올지 잘 모르겠습니다.

> **어휘총정** でかける 외출하다　むすこ 아들　わかる 알다
> みつける 발견하다　むかえる 맞이하다, 환영하다
> むかう 향하다

5 ③ **かぶる** (모자를) 쓰다
오늘은 추우니 모자를 쓰고 가라.

> **어휘총정** きょう 오늘　さむい 춥다　行(い)く 가다
> 동사ます형+なさい 명령　うまれる 태어나다
> おぼえる 기억하다, 배우다　くもる 흐리다

6 ② **しめる** 닫다
덥다고 생각했더니 창문이 닫혀 있었습니다.

> **어휘총정** あつい 덥다　思(おも)う 생각하다
> まど 창문　타동사+て ある 상태 표현

7 ② **たおれる** 쓰러지다
지진으로 큰 나무가 쓰러졌다.

> **어휘총정** じしん 지진　〜で 〜으로(원인)　大(おお)きな 큰
> 木(き) 나무　たずねる 방문하다　そだてる 키우다
> とどける 배달하다

8 ④ **まちがえる** 틀리다, 잘못하다
하나 잘못하면 큰일이 일어납니다.

> **어휘총정** 一(ひと)つ 하나　たいへんだ 힘들다
> とりかえる 새 것을 바꾸다　むかえる 환영하다, 맞이하다
> のりかえる 갈아타다

9 ④ **ぬる** 칠하다
벽을 하얀 색으로 칠했습니다.

어휘충전 かべ 벽・ いろ 색　もどる 되돌아가다, 되돌아오다
のこる 남다　ひかる 빛나다

10 ④ **かむ** 물다, 씹다
음식은 잘 씹어 먹읍시다.

어휘충전 たべもの 음식　とめる 세우다, 멈추다　こわす 부수다
つつむ 포장하다

⑤ もんだい5 **용법**

확인문제 01　　　　➜ p.99

✓정답　1 ④　2 ①　3 ②　4 ①　5 ④

1 ④ **みつける** 찾다(잃어버린 물건을 찾았을 때)
1 다같이 열심히 찾았습니다만 없었습니다.
　→ さがす 잃어버린 물건을 찾다
2 돈이 없어서 은행에 가서 찾았습니다.
　→ おろす 은행에서 돈을 찾다
3 내일 오전 중에 비행기의 예약을 해 주세요.
　→ とる 예약을 하다
4 잃어버린 지갑을 남동생 방에서 찾았습니다.

어휘충전 いっしょうけんめい 열심히　お金(かね) 돈
ぎんこう 은행　行(い)く 가다　あした 내일
ごぜんちゅう 오전 중　ひこうき 비행기　よやく 예약
なくす 없애다, 잃어버리다　さいふ 지갑
おとうと 남동생　へや 방

정답찾기 보기의 문장들은 한국어로 해석을 하면 전부 '찾다'라는 의
미를 가지고 있다. 집에 두고 온 것과 맡긴 것을 '찾다'는 「と
る」를 사용하는데, 예를 들면, 「コートをとりに来ました」는
'(맡긴) 코트를 찾으러 왔습니다'이다.

2 ① **とどける** 신고하다, 배달하다
1 길에서 주운 지갑을 경찰에 신고했다.
2 큰 다리를 건너면 은행이 있습니다.
　→ わたる 건너다
3 가게에서 점원에게 만 엔을 바꿨다.
　→ くずす 큰 돈을 작은 돈으로 바꾸다
4 고장난 텔레비전을 야마다 씨에게 수리 받았다.
　→ なおす 고치다

어휘충전 道(みち) 길　ひろう 줍다　さいふ 지갑　けいさつ 경찰
大(おお)きい 크다　はし 다리　ぎんこう 은행
みせ 가게　てんいん 점원　一万円(いちまんえん) 만 엔
こわれる 부서지다, 고장나다

정답찾기 「とどける」는 '배달하다'라는 의미도 있다. 보기 3번의 대체
어휘는 N2 어휘이므로 암기할 필요는 없다.

3 ② **つかまえる** 붙잡다
1 친구와 함께 바다에 갔다. → いっしょに 함께
2 경찰은 도둑을 잡았다.
3 모두 젓가락을 들고 먹기 시작했다. → もつ・とる 들다
4 시험치는 날을 맞이했다. むかえる → 맞이하다

어휘충전 友(とも)だち 친구　うみ 바다　行(い)く 가다
けいさつ 경찰　どろぼう 도둑　はし 젓가락
食(た)べる 먹다　동사ます형+はじめる ~하기 시작하
다　しけんを うける 시험을 치다　日(ひ) 날

정답찾기 '택시를 잡다'는 「タクシーをひろう」와 「タクシーをつかま
える」를 사용한다. 그리고 손잡이를 '붙잡다'도 「つかまえる」
를 사용한다.

4 ① **ふえる** 늘다(양적인 증가)
1 비가 많이 내려서 강물이 불었다.
2 남동생은 여름방학에 엄청나게 키가 컸다.
　→ のびる 늘다(질적인 증가)
3 아무리 공부해도 성적이 늘지 않는다.
　→ のびる 늘다(질적인 증가)・あがる 오르다
4 미국에 유학 가서 영어가 늘었다.
　→ のびる 늘다(질적인 증가)

어휘충전 あめ 비　ふる 내리다　川(かわ) 강　水(みず) 물
おとうと 남동생　なつやすみ 여름방학
すごく 엄청나게　せ 키　いくら~ても 아무리 ~해도
べんきょう 공부　せいせき 성적　りゅうがく 유학
えいご 영어

정답찾기 양적인 증가와 질적인 증가를 묻는 문제이다. 그리고 질과 양
에 관계없이 '줄다'는 「へる」를 사용한다.

5 ④ **ゆれる** 흔들리다
1 어제부터 머리가 아파서 약을 먹었습니다. → いたい 아프다
2 배가 아파서 아무것도 먹고 싶지 않습니다. → いたい 아프다
3 형이 내 쪽을 향해서 공을 던졌습니다. → なげる 던지다
4 지진이 일어나서 빌딩이 엄청나게 흔들렸습니다.

어휘충전 きのう 어제　あたま 머리　くすりを のむ 약을 먹다
おなか 배　なにも 아무것도　食(た)べる 먹다
あに 형, 오빠　むける 향하다　じしん 지진
おきる 일어나다　すごく 엄청나게

정답찾기 「かぜで木がゆれた (바람으로 나무가 흔들렸다)」는 문장도
같이 암기하자.

✓정답 1 ③　2 ④　3 ④　4 ①　5 ②

1 ③ **かむ** 이(이빨)로 물다
  1 흔들리면 위험하니 이것을 잡아 주세요.
    → つかまえる 붙잡다
  2 벌레에게 물리면 매우 아픕니다.
    → さされる 벌레에게 물리다
  3 어릴 때, 개에게 물린 적이 있습니다.
  4 담배를 물고 있는 분이 선배입니다.
    → くわえる 입술로 물다

  [어휘출전] ゆれる 흔들리다　あぶない 위험하다　むし 벌레
    いたい 아프다　子(こ)ども 아이　いぬ 개
    동사 과거형+ことが ある ~한 적이 있다　方(かた) 분
    せんぱい 선배

  [정답찾기] 문제의 「かむ」를 제외하고 보기 1, 2, 4번은 전부 N2 어휘이다.
    그리고 「ガムをかむ(껌을 씹다)」도 같이 알아두자.

2 ④ **あつめる** 모으다
  1 돈을 모아서 여행 갈 생각입니다. → ためる 돈을 저축하다
  2 친구에게 내 가방을 들게 했다. → もたせる 들게 하다
  3 스트레스가 쌓여서 매우 머리가 아프다.
    → ストレスが たまる 스트레스가 쌓이다
  4 외국 돈을 모으는 것이 취미입니다.

  [어휘출전] お金(かね) 돈　りょこう 여행　行(い)く 가다
    つもり 생각, 예정　友(とも)だち 친구　とても 매우
    あたま 머리　いたい 아프다

  [정답찾기] '(취미, 인기, 시선 등) 모으다'는 전부 「あつめる」를 사용한
    다. 보기 1, 3번의 대체 어휘 「ためる」「たまる」는 N2 어휘이
    므로 암기할 필요는 없다.

3 ④ **うつる** 이동하다
  1 이번 일주일간은 쉬지 않고 일했다 → はたらく 일하다
  2 아이의 귀여운 얼굴을 바라보았습니다. → みつめる 바라보다
  3 이 버튼을 누르면 기계가 움직입니다. → うごく 움직이다
  4 회사가 도쿄 쪽으로 이사갔다.

  [어휘출전] いっしゅうかん 일주일간　休(やす)む 쉬다
    ~ずに ~하지 않고　子(こ)ども 아이　かわいい 귀엽다
    かお 얼굴　ボタン 버튼　おす 누르다　きかい 기계
    会社(かいしゃ) 회사　ほう 쪽

  [정답찾기] 「うつす」는 '사진을 찍다'는 뜻도 있고, '이사가다'는 「ひっこ
    す」라고도 한다.

4 ① **おもいだす** 떠올리다, 생각해 내다
  1 그의 얼굴을 전혀 떠올릴 수가 없습니다.
  2 사진을 찍을 테니 웃어 주세요. → うつす・とる 사진을 찍다
  3 나는 타이프를 칠 수가 있습니다. → うつ 치다
  4 쓰레기를 버리는 날은 정해져 있습니다. → すてる 버리다

  [어휘출전] かお 얼굴　ぜんぜん 전혀　しゃしん 사진
    わらう 웃다　日(ひ) 날　きまる 정해지다

  [정답찾기] 「おもいつく」는 '갑자기 생각이나 아이디어가 떠오르다'는 의
    미이므로 비교해서 암기하도록 하자.

5 ② **たりる** 충분하다
  1 모두에게 나쁜 뉴스를 알리는 것은 정말로 싫습니다.
    → しらせる 알리다
  2 비쌀 것 같은 물건이어서 돈이 충분할지 걱정입니다.
  3 빌딩의 옥상에 올라가니 경치가 예뻤습니다.
    → あがる 오르다
  4 집 앞에 슈퍼가 생겨서 편리해졌다. → できる 생기다

  [어휘출전] わるい 나쁘다　いやだ 싫다　高(たか)い 비싸다
    しんぱい 걱정　おくじょう 옥상　けしき 경치
    きれいだ 예쁘다　家(いえ) 집　前(まえ) 앞
    べんり 편리

  [정답찾기] 「たりない(부족하다)」는 독해나 청취에서 자주 출제되는 표현
    이므로 같이 암기해 두도록 하자.

✓정답 1 ④　2 ①　3 ③　4 ④　5 ②

1 ④ **うえる** 심다
  1 방을 청소하고 손님을 맞이했다. → むかえる 맞이하다
  2 차는 가솔린으로 움직인다. → うごく 움직이다
  3 신주쿠에서 전철을 갈아탑니다. → のりかえる 갈아타다
  4 정원에 예쁜 장미를 심었다.

  [어휘출전] そうじ 청소　お客(きゃく)さん 손님　車(くるま) 차
    電車(でんしゃ) 전철　にわ 정원　バラ 장미

  [정답찾기] 한자로는 「植(う)える」라고 쓰는데, 부수에 「木(나무 목)」이
    있다는 것을 알아두자. 그리고 「植木(うえき) 정원수」도 같이
    암기하자.

2 ① **とおる** 통과하다
  1 학교에 갈 때는 절 앞을 지난다.
  2 이번에 여동생이 대학 시험을 친다. → うける 시험을 치다
  3 겨울이 되면 나무에서 잎이 떨어진다. → おちる 떨어지다
  4 돈을 지불하고 텔레비전을 샀다. → はらう 지불하다

  [어휘출전] 学校(がっこう) 학교　おてら 절　こんど 이번

いもうと 여동생　だいがく 대학　ふゆ 겨울
木(き) 나무　は 잎　買(か)う 사다

정답찾기 ➥「通(とお)る」는 '통과하다'는 의미이지만, 「通(かよ)う」는 '다
니다'는 의미이다. 같은 한자를 사용하지만 의미가 다르므로
주의하자.

3 ③　つたえる　전하다
1 회사에서 가까운 아파트를 찾고 있다. → さがす 찾다
2 물을 끓여서 차를 마십시다. → わかす 끓이다
3 이 메모를 부장님께 전해 주세요.
4 가게 앞에 자전거를 세워서는 안 됩니다. → とめる 세우다

어휘충전　かいしゃ 회사　ちかい 가깝다　おゆ 뜨거운 물
お茶(ちゃ) 차　みせ 가게　自転車(じてんしゃ) 자전거

정답찾기 ➥ 자동사는 「伝(つた)わる(전해지다)」인데, 「運転(운전)」의 「転」
과 한자가 비슷하므로 주의하자.

4 ④　こわす　망가뜨리다, 고장내다
1 작은 새가 나무에서 날아왔습니다. → とぶ 날다
2 여러분께 걱정을 끼쳐서 죄송했습니다. → かける 끼치다
3 선물이니까 예쁘게 포장해 주세요. → つつむ 포장하다
4 소중한 카메라를 망가뜨려 버렸다.

어휘충전　ことり 작은 새　木(き) 나무　しんぱい 걱정
だいじだ 소중하다

정답찾기 ➥ 자동사는 「こわれる(부서지다, 망가지다)」이다. 간혹 시험에
「たおす(쓰러뜨리다)」와 비교하는 문제가 출제된다.

5 ②　つれる　동반하다
1 길을 몰라 이상한 곳으로 와 버렸다. → まちがえる 틀리다
2 매일 아침 개를 데리고 산책합니다.
3 돼지고기를 구웠으니 함께 먹읍시다. → やく 굽다
4 보낸 짐은 도착했습니까? → おくる 보내다

어휘충전　道(みち) 길　へんだ 이상하다　毎朝(まいあさ) 매일 아침
いぬ 개　ふたにく 돼지고기　にもつ 짐
おくる 보내다　つく 도착하다

정답찾기 ➥「つれていく(데리고 가다)」,「つれてくる(데리고 오다)」도 같
이 알아두자.

03 그 외의 품사

① もんだい 1 한자읽기

확인문제 01

➡ p.103

✓정답
| 1 ① | 2 ④ | 3 ④ | 4 ③ | 5 ② |
| 6 ③ | 7 ① | 8 ④ | 9 ① | |

1 ①　広(ひろ)い　넓다
상당히 넓은 정원이었기 때문에 놀랐습니다.

어휘충전　かなり 상당히　庭(にわ) 정원　おどろく 놀라다

2 ④　早(はや)い　빠르다
아이는 여느 때보다 두 시간 일찍 돌아왔다.

어휘충전　いつもより 여느 때보다　時間(じかん) 시간
かえる 돌아오다

3 ④　特(とく)に　특히
특히 봄의 교토를 좋아합니다.

어휘충전　はる 봄　好(す)きだ 좋아하다

4 ③　安全(あんぜん)だ　안전하다
이 마을은 매우 안전하군요.

어휘충전　町(まち) 마을

5 ②　一度(いちど)　한 번
선생님, 한 번 더 설명해 주세요.

어휘충전　説明(せつめい) 설명

6 ③　美(うつく)しい　아름답다
저렇게 아름다운 경치는 처음 보았다.

어휘충전　けしき 경치　はじめて (경험상의) 처음

7 ①　必(かなら)ず　반드시
내일 회의에는 반드시 와 주세요.

어휘충전　明日(あした) 내일　かいぎ 회의

8 ④　簡単(かんたん)だ　간단하다
그렇게 간단한 문제는 아니다.

어휘충전　問題(もんだい) 문제

9 ①　厳(きび)しい　엄하다, 엄격하다
아버지는 엄한 표정을 짓고 있었다.

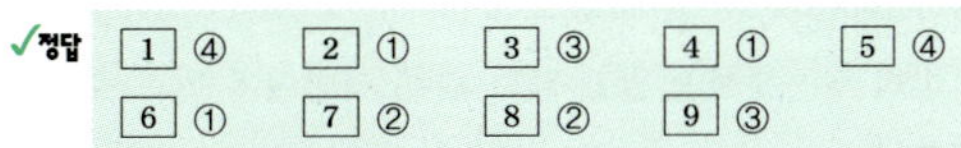
어휘충전　父(ちち) 아버지　かおを する 표정을 짓다

확인문제 02

➡ p.104

✓정답
| 1 ④ | 2 ① | 3 ③ | 4 ① | 5 ④ |
| 6 ① | 7 ② | 8 ② | 9 ③ | |

1 ④　急(きゅう)に　갑자기
갑자기 작은 새가 날아왔다.

어휘충전　とこり 작은 새　とぶ 날다

2 ① 決(けっ)して 결코
이것은 결코 제가 한 일이 아닙니다.

 やる 하다

3 ③ 怖(こわ)い 무섭다
어제 무서운 꿈을 꿨다.

어휘충전 きのう 어제　ゆめを 見(み)る 꿈을 꾸다

4 ① 今度(こんど) 이번, 다음
다음에 또 만납시다.

어휘충전 あう 만나다

5 ④ 最後(さいご) 최후, 마지막
마지막 수업을 받았습니다.

어휘충전 じゅぎょうを うける 수업을 받다

6 ① 盛(さか)んだ 번성하다
이 나라는 자동차 산업이 번성해 있다.

어휘충전 国(くに) 나라　じどうしゃ 자동차　さんぎょう 산업

7 ② 残念(ざんねん)だ 유감이다
시험에 떨어졌습니까? 유감이군요.

어휘충전 しけんに おちる 시험에 떨어지다

8 ② 自由(じゆう)だ 자유롭다
여기에 있는 책은 자유롭게 집어 주세요.

어휘충전 本(ほん) 책

9 ③ 十分(じゅうぶん) 충분히
충분히 먹었으니 사양하겠습니다.

어휘충전 えんりょする 사양하다

② もんだい2 한자 표기

확인문제 01
→ p.105

✓정답　1 ②　　2 ④　　3 ①　　4 ③　　5 ②
6 ④

1 ② 特別(とくべつ) 특별
특별히 당신에게만 말할 테니 다른 사람에게 말하지 말아
주세요.

어휘충전 ほか 다른　〜ないで ください 〜하지 말아주세요

2 ④ 全然(ぜんぜん) 전혀
이 수학문제는 전혀 모르겠습니다.

어휘충전 すうがく 수학　問題(もんだい) 문제

3 ① 例(たと)えば 예를 들면
예를 들면, 그가 선생님이라고 합시다.

어휘충전 せんせい 선생님

4 ③ 非常(ひじょう)に 매우
매우 비싼 것뿐이군요.

어휘충전 高(たか)い 비싸다

5 ② 深(ふか)い 깊다
이 강은 매우 깊다.

어휘충전 かわ 강

6 ④ 複雑(ふくざつ)だ 복잡하다
저 두 사람은 복잡한 관계입니다.

어휘충전 二人(ふたり) 두 사람　かんけい 관계

확인문제 02
→ p.106

✓정답　1 ③　　2 ③　　3 ④　　4 ①　　5 ②
6 ②

1 ③ 不便(ふべん)だ 불편하다
불편한 곳이 있으면 언제든지 말해 주세요.

어휘충전 ところ 점, 곳　いつでも 언제든지, 언제라도

2 ③ 変(へん)だ 이상하다
창 밖에서 이상한 소리가 들렸다.

어휘충전 まど 창　外(そと) 밖　おと 소리　聞(き)こえる 들리다

3 ④ 真(ま)ん中(なか) 한가운데
한가운데 테이블의 제 것입니다.

어휘충전 テーブル 테이블

4 ① 珍(めずら)しい 신기하다
정말로 신기한 사건이 일어났다.

어휘충전 じけん 사건　おきる 일어나다

5 ② 黄色(きいろ)い 노랗다
노란 지갑이 제 것입니다.

어휘충전 さいふ 지갑

6 ② 遠(とお)い 멀다
여기서 회사까지는 멉니다.

어휘충전 会社(かいしゃ) 회사

③ もんだい 3 문맥 규정

→ p.107

확인문제 01

✓**정답**

| 1 ② | 2 ① | 3 ④ | 4 ④ | 5 ① |
| 6 ③ | 7 ③ | 8 ② | 9 ④ | 10 ④ |

1 ② **なかなか** 좀처럼, 매우
시간이 되어도 전철이 좀처럼 오지 않는군요.
> **어휘총정리** 時間(じかん) 시간　명사+に なる ~이(가) 되다
> でんしゃ 전철　ねっしんに 열심히
> ずいぶん 꽤, 상당히　きっと 꼭, 틀림없이

2 ① **じゆうだ** 자유롭다
자유롭게 자신이 좋아하는 것을 고르세요.
> **어휘총정리** 自分(じぶん) 자신　すきだ 좋아하다
> えらぶ 선택하다, 고르다　しんせつだ 친절하다
> とくべつだ 특별하다　ふくざつだ 복잡하다

3 ④ **けっして** 결코
저 사람은 결코 거짓말을 할 듯 한 사람이 아니다.
> **어휘총정리** うそを つく 거짓말을 하다　かならず 반드시
> いくら 아무리　しばらく 잠시

4 ④ **ふべんだ** 불편하다
이 주변은 교통이 불편하다.
> **어휘총정리** へん 주변　こうつう 교통　かんたんだ 간단하다
> むりだ 무리다　まじめだ 성실하다

5 ① **じゅうぶんだ** 충분하다
그 버스에는 우리들이 앉을 수 있을 만큼의 충분한 자리는 없다.
> **어휘총정리** すわる 앉다　~だけ ~만큼　せき 자리
> ぜんぜん 전혀　こんど 이번, 다음 번　こんかい 이번

6 ③ **あまい** 달다
아이들은 모두 단 것을 아주 좋아한다고 합니다.
> **어휘총정리** みんな 모두　だいすきだ 아주 좋아하다
> 형용동사 종지형+そうだ ~라고 한다　からい 맵다
> にがい 맛이 쓰다　ひどい 심하다

7 ③ **たしかだ** 확실하다
이 문제가 시험에 나오는 것은 확실하다.
> **어휘총정리** もんだい 문제　しけん 시험　出(で)る 나오다
> ひつようだ 필요하다　ざんねんだ 유감이다
> あんぜんだ 안전하다

8 ② **どんどん** 계속해서, 잇달아, 연달아
계속 의견을 내 주세요.
> **어휘총정리** いけん 의견　出(だ)す 내다　なにも 아무 것도
> ひさしぶり 오랜만　あまり 그다지, 별로

9 ④ **だから** 때문에, 그래서
어제는 비가 내렸다. 그래서 하루 종일 집에 있었다.
> **어휘총정리** きのう 어제　あめ 비　ふる 내리다
> 一日(いちにち)じゅう 하루 종일　家(いえ) 집
> いっしょうけんめい 열심히　いちど 한 번
> ずいぶん 상당히, 꽤

10 ④ **だいじだ** 중요하다
중요한 곳에서 모두와 의견이 갈렸다.
> **어휘총정리** ところ 곳　みんな 모두　いけん 의견
> わかれる 갈라지다　ねっしんだ 열심히 하다
> しんせつだ 친절하다　ひつようだ 필요하다

확인문제 02

→ p.108

✓**정답**

| 1 ③ | 2 ① | 3 ④ | 4 ③ | 5 ④ |
| 6 ① | 7 ① | 8 ④ | 9 ③ | 10 ① |

1 ③ **しっかり** 확실히, 분명한, 똑바로
내일을 위해서 오늘밤은 확실히 자라.
> **어휘총정리** あした 내일　~の ために ~을(를) 위해서
> こんや 오늘 밤　ねる 자다　やっぱり 역시
> べつに 딱히, 특별히　すっかり 완전히, 죄다

2 ① **ぜんぜん** 전혀
어제 시험은 전혀 어렵지 않았습니다.
> **어휘총정리** きのう 어제　むずかしい 어렵다
> だいたい=たいてい 대체로　すこし 조금　とても 매우

3 ④ **あかちゃん** 아기
다음 달 아기가 태어난다. 나에게도 남동생이 생긴다.
> **어휘총정리** らいげつ 다음 달　うまれる 태어나다　おとうと 남동생
> むすこ 아들　だんせい 남성

4 ③ **わりあいに** 비교적
이 가게는 저기에 있는 가게보다 비교적 비쌉니다.
> **어휘총정리** みせ 가게　より 보다　たかい 비싸다　かりに 가령
> やっと 겨우　たとえ 비록

5 ④ たいてい 대체로
쉴 때는 대체로 무엇을 합니까?

어휘충전 やすみ 휴가　とき 때　何(なに) 무엇　たしか 아마
それほど 그다지　たまに 가끔

6 ① スーツ 정장
갈색 정장을 입고 선 보러 갔다.

어휘충전 ちゃいろ 갈색　きる 입다　おみあい 맞선
行(い)く 가다　アナウンサー 아나운서
ハンバーグ 햄버그 스테이크　パート 파트

7 ① からい 맵다
어머니가 만든 카레 맛은 맵습니다.

어휘충전 母(はは) 어머니　つくる 만들다　あじ 맛
うれしい 기쁘다　きびしい 엄격하다　こわい 무섭다

8 ④ やわらかい 부드럽다
이 고기는 매우 부드럽기 때문에 먹기 편합니다.

어휘충전 にく 고기　동사ます형+やすい ~하기 쉽다(편하다)
ふかい 깊다　かなしい 슬프다　めずらしい 신기하다

9 ③ できるだけ 가능한 한
일이 끝나면 가능한 한 빨리 돌아와 주세요.

어휘충전 しごと 일　おわる 끝나다　はやく 빨리　かえる 돌아오
다　だいたい 대체로　けっして 결코　そろそろ 슬슬

10 ① たいして 그다지, 별로
별로 공부는 하지 않습니다.

어휘충전 べんきょう 공부　いくら 아무리　そろそろ 슬슬
だんだん 점점

④ もんだい5 용법

확인문제 01

→ p.109

✓정답　1 ②　2 ③　3 ③　4 ③　5 ①

1 ② へんだ 이상하다
1 배가 매우 고파서 라면을 먹었습니다. → ひじょうに 매우
2 이상한 소리가 들려서 밖을 봤지만, 아무도 없었다.
3 이 신발은 매우 신기 편하고, 편리하군요.
　→ べんりだ 편리하다
4 이 교과서는 매우 좋지 않다고 생각합니다.
　→ ひじょうに 매우

어휘충전 おなかが すく 배고프다　食(た)べる 먹다　おと 소리

きこえる 들리다　外(そと) 밖　見(み)る 보다
くつ 신발　はく 신다　동사ます형+やすい ~하기 쉽다,
~하기 편하다　テキスト 교과서

정답찾기 「へん」이 명사로 사용될 때에는 '(공간적인 개념의) 주변' '(시
간적인 개념의) 쯤'으로 사용된다. 예를 들면, 「このへんに(이
부근에)」 「きょうはこのへんで(오늘은 이쯤에서)」이다.

2 ③ ~だて ~짜리 건물
1 여기에 있는 것은 내 것이 아닙니다.
　→ ここ 여기(다양한 명사가 들어갈 수 있음)
2 여러분에게 세 개씩 나누어 주세요. → ずつ ~씩
3 우리 집은 3층짜리 건물입니다.
4 이것은 외국에서 수입한 것입니다.
　→ これ 이것(다양한 명사가 들어갈 수 있음)

어휘충전 三(みっ)つ 세 개　あげる 주다　家(いえ) 집
3階(さんがい) 3층　外国(がいこく) 외국
ゆにゅう 수입

정답찾기 「だて」의 쓰임은 '~짜리 건물' 외에는 없다. 문자・어휘 파트
에서 공란메우기, 즉 「もんだい3」에서도 자주 출제된다.

3 ③ ちっとも 전혀
1 야마다 씨가 만들어 준 요리는 매우 맛있다.
　→ とても・かなり 매우
2 기온이 상당히 올라서 매우 덥군요.
　→ かなり・すごく 상당히
3 저런 곳에는 전혀 가고 싶지 않습니다.
4 여름방학에 수영교실에 다녀서 상당히 능숙해졌다.
　→ かなり・すごく 상당히

어휘충전 つくる 만들다　りょうり 요리　おいしい 맛있다
きおん 기온　あがる 오르다　あつい 덥다
ところ 장소　行(い)く 가다　なつやすみ 여름방학
すいえい 수영　きょうしつ 교실　かよう 다니다
上手(じょうず)だ 능숙하다

정답찾기 「ぜんぜん」과 의미가 같은 부사이다. 항상 부정문과 사용하는
것에 유념하자.

4 ③ さかんだ 활발하다, 번성하다
1 밖이 시끄러워서 나가 보니, 아이들이 떠들고 있었다.
　→ うるさい 시끄럽다
2 이 교실의 학생은 모두 밝군요(명랑하군요).
　→ あかるい 밝다, 명랑하다
3 이 나라는 자동차 산업이 번성합니다.
4 시끄러우니 여러분 조용히 해 주세요. → うるさい 시끄럽다

어휘충전 外(そと) 밖　出(で)て 見(み)る 나가 보다
子(こ)ども 아이　さわぐ 떠들다　きょうしつ 교실

学生(がくせい) 학생　国(くに) 나라　じどうしゃ 자동차
さんぎょう 산업　しずかだ 조용하다

정답찾기 ➤➤ 「スポーツがさかんだ(스포츠가 붐이다)」처럼 사용될 수도
있는데, 「さかん」 대신에 「ブーム(붐)」을 넣어도 문장이 성립
된다.

5 ① **てきとうだ** 적당하다
1 그는 뭐든지 **적당히** 해서 곤란하다.
2 이것은 **중요한** 서류이니 조심해 주세요.
　　→ だいじだ・たいせつだ 중요하다
3 점원은 성실해서, 손님에게 **친절하게** 설명했습니다.
　　→ ていねいだ 친절하다, 정중하다
4 야마다 씨는 **성실한** 사람이니 틀림없이 옵니다.
　　→ まじめだ 성실하다, 진지하다

어휘충전 なんでも 뭐든지　こまる 곤란하다　しょるい 서류
気(き)を つける 주의하다　てんいん 점원
おきゃくさま 손님　説明(せつめい) 설명
きっと 틀림없이

정답찾기 ➤➤ 「てきとう」는 형용동사이므로, 명사와 연결할 때 「な」에 접속
된다. 명사와 형용동사의 구분은 무조건적인 암기가 아니라,
'~하고 있다'는 말을 넣어서 문장이 성립되지 않으면, 형용동
사이다. 위의 단어 '적당하고 있다'는 문장이 성립되지 않으므
로 형용동사가 되는 것이다.

확인문제 02
➤ p.110

✓정답　1 ④　2 ②　3 ③　4 ②　5 ④

1 ④ **かならず** 반드시(상대방에 대한 구속력이 있음)
1 시간이 있으면 **꼭** 한 번 와주세요. → ぜひ 꼭(본인의 희망)
2 내년에는 **틀림없이** 유학 가려고 생각합니다.
　　→ きっと 틀림없이(추측의 뉘앙스)
3 숙제를 금요일까지 **반드시** 해야만 한다.
　　→ かならずしも 반드시(부정문에 사용)
4 빌린 돈은 **반드시** 갚아 주세요.

어휘충전 時間(じかん) 시간　一度(いちど) 한 번
来(く)る 오다　らいねん 내년　りゅうがく 유학
思(おも)う 생각하다　しゅくだい 숙제
きんようび 금요일　かりる 빌리다　お金(かね) 돈
かえす 돌려주다, 갚다

정답찾기 ➤➤ 보기 3번 「かならずしも」는 N4 어휘는 아니지만, 긍정문과
부정문에 사용되는 것은 알아둘 필요가 있는 것이다.

2 ② **おかしい** 이상하다
1 **외로울** 때는 항상 영화를 봅니다. → さびしい 외롭다
2 이 책에는 **이상한** 점이 많이 있습니다.
3 아버지의 어릴 때의 이야기를 듣고 모두 **슬퍼**졌습니다.
　　→ かなしい 슬프다
4 **슬픈** 책을 읽고 울기 시작했습니다. → かなしい 슬프다

어휘충전 いつも 항상　えいが 영화　見(み)る 보다　本(ほん) 책
ところ 점, 부분　父(ちち) 아버지　はなし 이야기
聞(き)く 듣다　本(ほん) 책　なきだす 울기 시작하다

정답찾기 ➤➤ 「おかしい」는 '우습다'라는 의미도 있다. 따라서 경우에 따라
서는 「おもしろい」와 같은 의미로 사용되는 경우도 있다.

3 ③ **동사ます형+にくい** ~하기 어렵다
1 저번 주의 테스트는 매우 **어려웠습니다**.
　　→ むずかしい 어렵다
2 아무리 **어려워도** 열심히 해 나갈 생각이다.
　　→ むずかしい 어렵다
3 선생님의 수업은 이해하기 **어려워서** 따라 갈 수가 없다.
4 남동생은 항상 **어려운** 질문만 해서 곤란하다.
　　→ むずかしい 어렵다

어휘충전 せんしゅう 저번 주　いくら~ても 아무리 ~라도
いっしょうけんめい 열심히　つもり 생각, 예정
先生(せんせい) 선생님　じゅぎょう 수업
分(わ)かる 알다, 이해하다　ついて いく 따라 가다
おとうと 남동생　いつも 항상　しつもん 질문
こまる 곤란하다

정답찾기 ➤➤ 반대말로는 「동사ます형+やすい(~하기 쉽다)」가 있다. 「や
すい」는 단독으로 사용하면 '가격이 싸다'는 의미이고, '쉽다'
는 뜻의 어휘는 「やさしい」이다.

4 ② **ていねいだ** 친절하다, 정중하다
1 오늘 날씨는 매우 **좋군요**. → いい 좋다
2 저 가게의 점원은 **친절**하고, 상냥합니다.
3 이 레스토랑의 요리는 맛있어서 모두 **좋아**합니다.
　　→ すきがる 좋아하다(제3자가 좋아하다)
4 야마다 씨는 항상 친구에게 **친절**합니다.
　　→ ていねいです 친절합니다

어휘충전 きょう 오늘　天気(てんき) 날씨　とても 매우
あそこ 저곳　みせ 가게　てんいん 점원
やさしい 부드럽다, 상냥하다　りょうり 요리
おいしい 맛있다　みんな 모두　いつも 항상
友(とも)だち 친구

정답찾기 ➤➤ 「ていねい」는 N4 어휘문제에서 매년 출제된다고 해도 과언
이 아니다. 공란 메우기 문제에서도 자주 출제가 되니 반드시

암기하도록 하자. 친절하다는 의미로 사용될 경우의 동의어는
「しんせつだ」이다.

5 ④ やわらかい 부드럽다
1 잘 들리지 않으니 **크게** 말해 주세요. → おおきい 크다
2 저렇게 성격이 **좋은(상냥한)** 사람은 처음입니다.
　　→ いい 좋다・やさしい 상냥하다
3 바다는 **조용하고**, 기분 좋은 바람도 불었습니다.
　　→ しずかだ 조용하다
4 막 구운 빵은 **부드럽습니다**.

> **어휘총전** 聞(き)こえる 들리다　はなす 이야기하다
> あんなに 저렇게　せいかく 성격　はじめて 처음
> うみ 바다　きもちいい 기분 좋다　かぜ 바람
> ふく 불다　やく 굽다　동사과거형+ばかり 막 ~하다

> **정답찾기** 보기 4번에 있는 문법 「동사 과거형+ばかり(막 ~하다)」도 같
> 이 알아두어야 한다. 「やわらかい」는 음식뿐만 아니라, 몸의
> 유연성이나 피부의 상태에도 사용할 수 있는데, 예를 들면, 「か
> のじょの手はやわらかい(그녀의 손은 부드럽다)」라는 표현
> 도 가능하다.

④ もんだい 4 바꿔 말하기

확인문제 01　　→ p.112

√**정답**　1 ②　2 ①　3 ④　4 ②　5 ③

1 ② 야마다 씨 이외는 모두 시험을 쳤습니다.
　　= 야마다 씨는 시험을 치지 않았습니다.

> **어휘총전** いがい 이외　しけんを うける 시험을 치다
> だけ 뿐, 만　~しか ~밖에

2 ① 사정이 안 좋아서 모임에 갈 수 없습니다.
　　= 볼일이 있어서 모임에 갈 수 없었습니다.

> **어휘총전** つごう 사정　わるい 나쁘다　あつまり 모임
> いく 가다　ようじ 볼일　きぶん 기분, 몸 상태
> おかね 돈　のりもの 탈 것

3 ④ 친구에게 이기기도 하고, 패하기도 합니다.
　　= 친구와 경쟁을 합니다.

> **어휘총전** ともだち 친구　かう 사다　まける 패하다
> そうだん 상담　やくそく 약속　かいもの 쇼핑
> きょうそう 경쟁

4 ② 남동생은 선생님에게 장래의 꿈을 이야기했습니다.

= 남동생은 선생님에게 앞으로 무엇을 할까 이야기했습
니다.

> **어휘총전** おとうと 남동생　せんせい 선생님　しょうらい 장래
> ゆめ 꿈　はなす 이야기하다　せんしゅう 저번 주
> これから 앞으로　きのう 어제　いま 지금

5 ③ 야마다 씨는 상냥한 사람입니다.
　　= 야마다 씨는 친절한 사람입니다.

> **어휘총전** やさしい 상냥하다　こわい 무섭다　きびしい 엄격하다.
> 엄하다　しんせつだ 친절하다　まじめだ 성실하다

확인문제 02　　→ p.113

√**정답**　1 ②　2 ①　3 ③　4 ④　5 ③

1 ② 야마다 씨는 내일 파티에 가는 듯 합니다.
　　= 야마다 씨는 내일 파티에 갈 것 같습니다.

> **어휘총전** あした 내일　いく 가다　~ようだ ~같다
> 동사ます형+そうだ ~할 것 같다
> ~かどうか ~인지(할지) 아닌지
> ~かも しれない ~일지도 모른다

2 ① 친구는 장갑을 끼고 있습니다.
　　= 오늘은 추운 듯 합니다.

> **어휘총전** ともだち 친구　てぶくろ 장갑　きょう 오늘
> さむい 춥다　~ようだ ~같다　あつい 덥다
> いそがしい 바쁘다　さびしい 외롭다, 쓸쓸하다

3 ③ 주차장은 차가 꽉 찼습니다.
　　= 차를 세울 곳이 없습니다.

> **어휘총전** ちゅうしゃじょう 주차장　くるま 차
> いっぱい 가득 참, 많이　とめる 세우다　ところ 곳, 장소
> たくさん 많이　こしょう 고장　うんてん 운전

4 ④ 테이프 레코더를 고쳤습니다.
　　= 테이프 레코더는 이제 문제없습니다.

> **어휘총전** なおす 고치다　こわれる 고장나다, 부서지다
> たかい 비싸다　もんだい 문제　たくさん 많이
> もう 이제, 벌써　だいじょうぶだ 문제없다

5 ③ 선물을 포장했습니다.
　　= 선물을 예쁘게 했습니다.

> **어휘총전** つつむ 포장하다　いただく 「もらう(받다)」의 겸양어
> おくる 보내다　きれいだ 예쁘다, 깨끗하다　あける 열다

✓정답　① ②　② ④　③ ①　④ ③　⑤ ②

① ② 전철 안은 비어 있었습니다.
　 = 전철에 타고 있는 사람은 적었습니다.

　어휘총정리 でんしゃ 전철　中(なか) 안
　　　すく 비다 (아무도 없다는 뉘앙스의 어휘는 「あく」를 쓴다)
　　　だれも 아무도　のる 타다　すくない 적다
　　　たくさん 많이　せき 좌석　ぜんぜん 전혀

② ④ 야마다 씨는 외국의 그림을 연구하고 있습니다.
　 = 야마다 씨의 전공은 미술입니다.

　어휘총정리 外国(がいこく) 외국　え 그림　けんきゅう 연구
　　　せんもん 전문, 전공　ぶんがく 문학　えいご 영어
　　　れきし 역사　びじゅつ 미술

③ ① 하루 걸러 수영 교실에 다니고 있습니다.
　 = 오늘 수영 교실에 갑니다. 다음은 모레 갑니다.

　어휘총정리 いちにち 하루　～おきに ～걸러　すいえい 수영
　　　きょうしつ 교실　～に かよう ～을(를) 다니다
　　　つぎ 다음　あさって 모레　あした 내일　まいにち 매일
　　　らいしゅう 다음 주

④ ③ 친구는 학교 근처에서 하숙하고 있습니다.
　 = 친구는 학교 주변에서 생활하고 있다.

　어휘총정리 ともだち 친구　学校(がっこう) 학교　ちかく 근처
　　　げしゅく 하숙　なか 안　せいかつ 생활　まえ 앞
　　　ひっこす 이사하다　まわり 주변　となり 근처, 이웃

⑤ ② 유학생 경험이 있습니다.
　 = 유학생이 된 적이 있습니다.

　어휘총정리 りゅうがくせい 유학생　けいけん 경험
　　　명사+に なる ～이(가) 되다　つもり 생각, 작정
　　　동사과거형+ことが ある ～한 적이 있다
　　　～て みたい ～해 보고 싶다　がんばる 열심히 하다

2장 문법 해설

Part 2 もんだい1 대비 집중 훈련

① 조사

✓정답
① ④　② ①　③ ②　④ ④　⑤ ②
⑥ ②　⑦ ④　⑧ ③　⑨ ④　⑩ ②

① ④ ～と 가정형-발견(자연 현상)
　 창문을 여니, 눈이 내리고 있었습니다.

　어휘총정리 まど 창문　開(あ)ける 열다　ゆき 눈　ふる 내리다

② ① ～ので ～때문에
　 어제 머리가 아팠기 때문에, 회사를 쉬었습니다.

　어휘총정리 きのう 어제　あたま 머리　いたい 아프다
　　　会社(かいしゃ) 회사　休(やす)む 쉬다

③ ② ～より ～보다
　 이 펜은 저 펜보다 쓰기 편합니다.

　어휘총정리 書(か)く 쓰다
　　　동사ます형+やすい ～하기 쉽다, ～하기 편하다

④ ④ ～と いう ～라고 하는
　 이것은 뭐라고 하는 과일입니까?

　어휘총정리 何(なん) 무엇　くだもの 과일

⑤ ② ～か ～지(불확실)
　 수업은 몇 시에 끝나는지 가르쳐 주세요.

　어휘총정리 じゅぎょう 수업　何時(なんじ) 몇 시
　　　終(お)わる 끝나다　教(おし)える 가르치다

⑥ ② ～は …に ～てくれる ～은(는) …에게 해주다
　 여동생은 나에게 저녁밥을 만들어 주었습니다.

　어휘총정리 いもうと 여동생　ばんごはん 저녁밥
　　　作(つく)る 만들다

⑦ ④ ～ことに する ～하기로 하다
　 그곳에는 안 가기로 했습니다.

　어휘총정리 そこ 그곳　行(い)く 가다

⑧ ③ ～が できる ～을(를) 할 수 있다
　 당신은 어떤 스포츠를 할 수 있습니까?

　어휘총정리 どんな 어떤　できる 할 수 있다

9　④ ～でも　~라도
배가 고프면 빵이라도 드세요.

어휘충전 おなかがすく 배가 고프다　食(た)べる 먹다

10　② ～も　~(씩)이나
야마다 씨와 한 시간이나 이야기했습니다.

어휘충전 ～時間(じかん) ~시간　話(はな)す 이야기하다

확인문제 02

➜ p.150

✓정답

1 ①	2 ①	3 ④	4 ②	5 ②
6 ④	7 ①	8 ②	9 ③	10 ②

1　① ～ことを　~것을(명사절)
여기서 전람회가 있는 것을 몰랐습니다.

어휘충전 てんらんかい 전람회　知(し)る 알다

2　① ～か　~지(불확실)
수업 시간이 몇 신지 가르쳐 주세요.

어휘충전 じゅぎょう 수업　時間(じかん) 시간
何時(なんじ) 몇 시　教(おし)える 가르치다

3　④ ～は …に+あげる　~은(는) …에게 주다
나는 친구에게 생일 선물을 주었습니다.

어휘충전 友(とも)だち 친구　たんじょうび 생일

4　② ～が すきだ　~을(를) 좋아하다
그녀와 운동하는 것을 좋아합니다.

어휘충전 うんどう 운동

5　② あじが する　맛이 나다
이 아이스크림은 수박 맛이 납니다.

어휘충전 すいか 수박

6　④ ～し　~하고(열거)
선생님은 상냥하고, 잘 생겨서 인기가 있습니다.

어휘충전 先生(せんせい) 선생님　やさしい 상냥하다
ハンサムだ 잘 생기다　人気(にんき) 인기

7　① 동사 기본형+な　강한 금지
그렇게 큰 목소리, 내지 마!

어휘충전 大(おお)きい 크다　声(こえ) 목소리　出(だ)す 내다

8　② 동사 종지형+かい　가벼운 의문
사치코 씨가 울고 있는데, 어떻게 된 거야?

어휘충전 なく 울다　どう 어떻게

9　③ 명사·형용동사+だと　~라면(가정형)
아버지가 건강하면 좋겠지만.

어휘충전 お父(とう)さん 아버지　元気(げんき)だ 건강하다

10　② ～も　~(씩)이나
5시간이나 일을 했기 때문에 피곤했습니다.

어휘충전 ～時間(じかん) ~시간　仕事(しごと) 일
つかれる 피곤하다

확인문제 03

➜ p.151

✓정답

1 ③	2 ③	3 ②	4 ④	5 ③
6 ④	7 ①	8 ④	9 ③	10 ②

1　③ 명사+なのに　~임에도
아들은 내일 시험임에도, 전혀 공부하지 않습니다.

어휘충전 むすこ 아들　あした 내일　試験(しけん) 시험
ぜんぜん 전혀　べんきょう 공부

2　③ ～に　~으로
야마다 씨로부터 병문안으로 꽃을 받았습니다.

어휘충전 びょうき 병　おみまい 병문안　花(はな) 꽃

3　② ～には　~에는
문 옆에는 꽃이 예쁘게 장식되어 있었다.

어휘충전 そば 옆　花(はな) 꽃　きれいだ 예쁘다
かざる 장식하다

4　④ ～で　~으로(수단)
나는 영어를 못하기 때문에, 일본어로 이야기했습니다.

어휘충전 英語(えいご) 영어　できる 할 수 있다
日本語(にほんご) 일본어　話(はな)す 이야기하다

5　③ ～が　~이(가)
어느 것이 남동생이 사용하고 있는 사전입니까?

어휘충전 おとうと 남동생　使(つか)う 사용하다　じしょ 사전

6　④ ～に 住(す)む　~에(서) 살다
야마다 씨는 회사에서 먼 곳에 살고 있습니다.

어휘충전 会社(かいしゃ) 회사　遠(とお)い 멀다　ところ 곳

7　① ～が　~이(가)
우리나라는 자동차 공업이 번성합니다.

국(くに) 나라　自動車(じどうしゃ) 자동차
工業(こうぎょう) 공업　さかんだ 번성하다

8 ④ ～し ～하고(열거)
친구는 피아노도 칠 수 있고, 춤도 잘 춥니다.

友(とも)だち 친구　ひく 현악기를 연주하다　おどり 춤
上手(じょうず)だ 능숙하다

9 ③ ～ので ～때문에
목이 말랐기 때문에 주스를 마셨습니다.

のど 목　かわく 마르다　飮(の)む 마시다

10 ② 동사 과거형+ほうが いい ～하는 편이 좋다
일이 끝난 뒤, 조금 쉬는 편이 좋습니다.

仕事(しごと) 일　終(お)わる 끝나다
동사 과거형+あとで ～한 뒤에　少(すこ)し 조금
休(やす)む 쉬다

확인문제 04

➔ p.152

✓정답　1 ①　2 ④　3 ①　4 ②　5 ②
　　　　6 ④　7 ①　8 ②　9 ④　10 ②

1 ① 형용사+のに ～인데도
이 신발은 새 것인데도 벌써 망가져 버렸습니다.

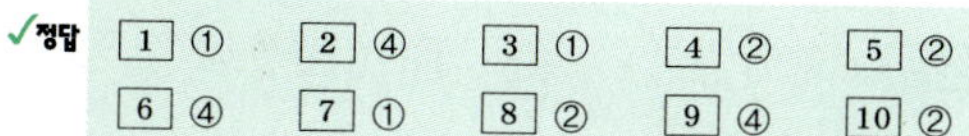

くつ 신발　あたらしい 새롭다
こわれる 부서지다, 고장 나다　～てしまう ～해 버리다

2 ④ ～からの ～부터의
이 신발은 아버지로부터의 생일 선물입니다.

くつ 신발　父(ちち) 아버지　たんじょうび 생일

3 ① ～だけ ～뿐, 만
청소를 해서 필요 없는 것만 버렸습니다.

そうじ 청소　いる 필요하다　すてる 버리다

4 ② 동사 종지형+のに ～하는데
이 책을 만드는데 3년 걸렸습니다.

本(ほん) 책　作(つく)る 만들다　～年(ねん) ～년
かかる 걸리다

5 ② ～ばかり ～뿐, 만
친구는 모르는 것만 이야기하고 있다.

友(とも)だち 친구　知(し)る 알다
話(はな)す 이야기하다

6 ④ ～に 会(あ)う ～을(를) 만나다
야마다 선생님은 아직 만난 적이 없습니다.

先生(せんせい) 선생님　まだ 아직　会(あ)う 만나다
동사 과거형+ことが ある ～한 적이 있다

7 ① ～か どうか ～인지 아닌지, ～할지 말지
남동생이 이것을 알고 있는지 어떤지 모르겠습니다.

おとうと 남동생　知(し)る 알다　わかる 알다

8 ② ～でも ～라도
이것은 간단한 것이니 어떤 사람이라도 할 수 있다고 생각
합니다.

かんたんだ 간단하다　どんな 어떤　できる 할 수 있다
思(おも)う 생각하다

9 ④ ～で ～으로
어제 생긴 가게는 쇼핑하는 손님으로 붐볐습니다.

きのう 어제　できる (없는 것이 새로) 생기다
店(みせ) 가게　買(か)い物(もの) 쇼핑　きゃく 손님
こむ 붐비다

10 ② ～し ～고(열거)
여동생은 기타도 칠 수 있고, 피아노도 칠 수 있다.

いもうと 여동생　できる 할 수 있다

확인문제 05

➔ p.153

✓정답　1 ④　2 ①　3 ②　4 ③　5 ②
　　　　6 ③　7 ③　8 ③　9 ③　10 ③

1 ④ ～からです ～때문입니다
　　　　　（『のでです』라는 표현은 없다）
학교를 쉰 것은 지진으로 버스가 멈추었기 때문입니다.

学校(がっこう) 학교　休(やす)む 쉬다　じしん 지진
止(と)まる 멈추다

2 ① ～が ～이(가)
서양의 정치에 흥미가 있습니다.

西洋(せいよう) 서양　せいじ 정치　きょうみ 흥미

3 ② ～でも ～라도, ～든지
오늘이라면 언제든지 시간이 있습니다.

今日(きょう) 오늘　時間(じかん) 시간

4 ② 〜で ~에서(장소)
이 과자는 어디에서 샀습니까?

어휘출전 おかし 과자 　買(か)う 사다

5 ② 〜ので ~때문에
전철이 늦게 왔기 때문에, 회사에 늦었습니다.

어휘출전 電車(でんしゃ) 전철 　おそい 늦다 　来(く)る 오다
会社(かいしゃ) 회사 　おくれる 늦다

6 ③ 동사 과거형+ことが ない ~한 적이 없다
나는 지금까지 한 번도 입원한 적이 없습니다.

어휘출전 今(いま)まで 지금까지 　いちど 한 번
入院(にゅういん) 입원

7 ④ 〜も ~씩(이나)
어젯밤은 4시간이나 책을 읽어서 눈이 피곤해졌습니다.

어휘출전 ゆうべ 어젯밤 　〜時間(じかん) ~시간 　本(ほん) 책
読(よ)む 읽다 　目(め) 눈 　つかれる 피곤하다

8 ③ 〜し ~고(열거)
열이 있고, 머리도 아프니, 감기 든 것 같습니다.

어휘출전 ねつ 열 　あたま 머리 　いたい 아프다
かぜを ひく 감기에 걸리다 　〜ようだ ~인(할) 것 같다

9 ③ 〜より ~보다
작은 차가 큰 차 쪽보다 비싼 경우도 있습니다.

어휘출전 小(ちい)さい 작다 　車(くるま) 차 　大(おお)きい 크다
高(たか)い 비싸다

10 ③ 〜とか ~라든가
벽에 그림이라든가 시계라든가 걸려 있습니다.

어휘출전 かべ 벽 　え 그림 　とけい 시계 　かける 걸다
타동사+て ある 상태 표현

② 문형

확인문제 01

→ p.154

✓정답
| 1 ② | 2 ④ | 3 ④ | 4 ② | 5 ① |
| 6 ① | 7 ③ | 8 ② | 9 ① | 10 ③ |

1 ② 자동사+て いる 상태 표현
가방 안에 영어 사전이 들어 있습니다.

어휘출전 中(なか) 안 　英語(えいご) 영어 　じしょ 사전
入(い)れる 넣다 　入(はい)る 들어가다

2 ④ 〜ば ~면(가정형)
신주쿠 역에 가고 싶습니다만, 어떻게 가면 됩니까?

어휘출전 駅(えき) 역 　行(い)く 가다 　どう 어떻게

3 ④ 형용사 어간+そうな ~같은
새로운 선생님은 상냥한 듯한 인상이었습니다.

어휘출전 あたらしい 새롭다 　先生(せんせい) 선생님
かお 얼굴, 표정

4 ② 동사ます형+つづける 계속 ~하다
비가 계속 내려서, 어디에도 가지 않았습니다.

어휘출전 雨(あめ) 비 　ふる 내리다 　どこへも 어디에도
行(い)く 가다

5 ① 동사 과거형+まま ~한 채로
고기를 구운 채로 아직 먹지 않았습니다.

어휘출전 にく 고기 　やく 굽다 　食(た)べる 먹다

6 ① 〜のを 見(み)る ~것을 보다
（「見る」는 반드시 「の」를 수반한다)
개가 공원을 달리고 있는 것을 보았습니다.

어휘출전 いぬ 개 　こうえん 공원 　走(はし)る 달리다
見(み)る 보다

7 ③ 형용사 어간+く する ~게 하다
스토브를 켜서 방을 따뜻하게 했습니다.

어휘출전 つける 켜다 　へや 방 　あたたかい 따뜻하다

8 ② 형용사 어간+そうだ ~한(일) 것 같다
모두가 기쁜 듯이 춤추기 시작했다.

어휘출전 うれしい 기쁘다 　おどる 춤추다
동사ます형+はじめる ~하기 시작하다

9 ① 동사ます형+たがる ~싶어하다
A 뭔가 마실까요?
B 예. 모두 마시고 싶어하고 있습니다.

어휘출전 何(なに)か 뭔가 　飲(の)む 마시다 　みんな 모두

10 ③ 〜が …に+くれる ~(이)가 …에게 주다
야마다 그거, 키다 씨의 카메라입니까? 좋은 카메라이군요.
키다 예. 아버지가 생일 때, 나에게 준 것입니다.

어휘출전 たんじょうび 생일 　〜とき ~때 　父(ちち) 아버지

➔ p.155

✓정답 | 1 ③ | 2 ① | 3 ② | 4 ① | 5 ②
6 ④ | 7 ① | 8 ② | 9 ① | 10 ②

1 ③ 知って いる 알고 있다
누군가 이 한자를 알고 있는 사람은 없습니까?
어휘총정 漢字(かんじ) 한자 知(し)る 알다「知る」는 긍정문일 때
반드시 현재진행형으로 표현

2 ① 동사ます형+たがる ～싶어하다
남동생은 수영을 배우고 싶어하고 있습니다.
어휘총정 おとうと 남동생 すいえい 수영 ならう 배우다

3 ② 동사 현재형+つもり ～할 생각, 작정
장래는 이곳에 큰 병원을 세울 생각입니다.
어휘총정 しょうらい 장래 大(おお)きい 크다 びょういん 병원
たてる 세우다

4 ① 형용동사 어간+だから ～이기 때문에, ～하기 때문에
이것은 필요하니까, 버리지 말아주세요.
어휘총정 ひつようだ 필요하다 すてる 버리다
～ないで ください ～하지 말아주세요

5 ② ～て いた ～하고 있었다
(현재 진행형은 지금의 상태를 나타내기도 한다.)
한 시간이나 빨리 갔는데, 야마다 씨는 벌써 와 있었습니다.
어휘총정 ～時間(じかん) ～시간 早(はや)く 빨리 行(い)く 가다
동사 종지형+のに ～했음에도 来(く)る 오다

6 ④ ～て くれる 남이 나에게 ～해 주다
언니는 나에게 수학을 가르쳐 주었습니다.
어휘총정 あね 언니, 누나 数学(すうがく) 수학

7 ① 동사 종지형+だろう ～할 것이다
내일은 비가 내릴 것이다.
어휘총정 あした 내일 雨(あめ) 비 ふる 내리다

8 ② いくら ～ても(でも) 아무리 ～라도
아무리 전화를 해도 아무도 받지 않았다.
어휘총정 電話(でんわ) 전화 出(で)る 나오다. 전화를 받다

9 ① もらう 받다
A 야마다 씨, 좋은 넥타이이군요.
B 예. 아버지로부터 생일에 받았습니다

어휘총정 いい 좋다 父(ちち) 아버지 たんじょうび 생일

10 ② どんなに ～ても(でも) 아무리 ～해도
A 매일 운동을 하고 있습니까?
B 예. 아무리 바빠도 합니다.
어휘총정 毎日(まいにち) 매일 運動(うんどう) 운동
いそがしい 바쁘다

➔ p.156

✓정답 | 1 ④ | 2 ④ | 3 ② | 4 ② | 5 ④
6 ④ | 7 ④ | 8 ② | 9 ③ | 10 ①

1 ④ 형용동사+だし ～고(열거)
이 주변은 불편하고, 더럽기 때문에 방세가 쌉니다.
어휘총정 へん 주변 ふべんだ 불편하다 きたない 더럽다
へや 방 ～代(だい) ～값 安(やす)い 싸다

2 ④ ～に よると …そうだ ～에 의하면 …라고 한다
선생님 말씀에 의하면, 이 바다는 위험하다고 합니다.
어휘총정 先生(せんせい) 선생님 話(はなし) 이야기
海(うみ) 바다 きけんだ 위험하다

3 ② 형용사 어간+そうな ～할 것 같은
야마다 씨는 먹음직스러운 귤을 들고 있습니다.
어휘총정 みかん 귤 おいしい 맛있다 持(も)つ 들다, 가지다

4 ② ～ば ～면(가정형)
매일 노래 연습을 하면 능숙해집니다.
어휘총정 毎日(まいにち) 매일 歌(うた) 노래 れんしゅう 연습
じょうずだ 능숙하다

5 ④ 동사ます형+やすい ～하기 쉽다, ～하기 편하다
선생님의 수업은 이해하기 쉽습니다.
어휘총정 先生(せんせい) 선생님 じゅぎょう 수업
わかる 알다. 이해하다

6 ④ お+동사ます형+に なる 존경표현
사장님은 언제 돌아오십니까?
어휘총정 社長(しゃちょう) 사장 もどる 돌아오다

7 ③ ～ために ～위해서
새로운 시계를 사기 위해서, 백화점에 갔습니다.
어휘총정 あたらしい 새롭다 時計(とけい) 시계 買(か)う 사다
出(で)かける 나가다, 외출하다

8 ② ～て くれる 남이 나에게 ~해 주다
바쁜 나를 위해서 친구가 배달해 **주었다**.

> **어휘총정** いそがしい 바쁘다　～のため ~을(를) 위해
> 友(とも)だち 친구　とどける 배달하다

9 ③ ～て くれる 남이 나에게 ~해 주다
A 누구와 왔습니까?
B 부모님이 공항까지 데려다 주었습니다.

> **어휘총정** だれ 누구　来(く)る 오다　りょうしん 부모님
> くうこう 공항　送(おく)る 보내다

10 ① いらっしゃる 「いる(있다)」의 존경어
A 야마다 선생님은 계십니까?
B 조금 전에 돌아가셨습니다.

> **어휘총정** 先生(せんせい) 선생님　さっき 조금 전
> 帰(かえ)る 돌아가다　お+동사ます형+に なる 존경표현
> ございます 「あります (있습니다)」의 정중한 표현
> なさる 「する(하다)」의 존경어　まいる 「行(い)く(가다)・来
> (く)る (오다)」의 겸양어

확인문제 04 → p.157

> ✓**정답**
>
> | 1 ② | 2 ① | 3 ① | 4 ① | 5 ② |
> | 6 ① | 7 ④ | 8 ③ | 9 ② | 10 ① |

1 ② いくら ～ても(でも) 아무리 ~해도
아무리 생각해도 약속시간이 기억나지 않습니다.

> **어휘총정** 考(かんが)える 생각하다　やくそく 약속
> 時間(じかん) 시간　覚(おぼ)える 기억하다

2 ① お+동사ます형+する 겸양표현
선생님이 쓰신 책은 이미 **읽었습니다**.

> **어휘총정** 先生(せんせい) 선생님　書(か)く 쓰다
> お+동사ます형+に なる 존경 표현　本(ほん) 책
> もう 이미, 벌써　よむ 읽다

3 ① いつでも 언제든지, 언제라도
언제든지 괜찮으니 놀러 와 주세요.

> **어휘총정** あそぶ 놀다　동사ます형+に ~하러　来(く)る 오다

4 ① ～て しまう ~해 버리다
남동생이 형의 사과를 먹어**버렸습니다**.

> **어휘총정** おとうと 남동생　あに 형　りんご 사과
> 食(た)べる 먹다

5 ② 형용사 「あ단+い」의 존경법
お+あ단을 お단으로+う+ございます
이쪽 빵이 조금 **부드럽습니다**

> **어휘총정** 少(すこ)し 조금　やわらかい 부드럽다

6 ① 동사ます형+やすい ~하기 쉽다
비로 길이 **미끄러지기 쉬우니**, 운전을 조심하세요.

> **어휘총정** 雨(あめ) 비　道(みち) 길　うんてん 운전
> 気(き)を つける 주의하다

7 ④ おる 「いる(있다)」의 겸양어
(자기 쪽 사람은 겸양표현을 쓴다)
야마다는 지금 외출했습니다.

> **어휘총정** 今(いま) 지금　出(で)かける 외출하다

8 ③ 동사ます형+なさい 명령
지금부터 당신의 장래에 대해서 **생각해라**.

> **어휘총정** これから 지금부터　しょうらい 장래
> ～に ついて ~에 대해서　考(かんが)える 생각하다

9 ② いけません 안 됐습니다
야마다 어제 남동생에게 사고가 있었습니다.
키다　그거 **안 됐군요**.

> **어휘총정** きのう 어제　おとうと 남동생　じこ 사고
> しつれい 실례　かしこまる 「わかる(알다)」의 겸양어
> おげんきで 안녕히 계세요

10 ① そうですね 그렇군요(상대방의 말에 동의)
A 오늘은 매우 덥군요.
B 그렇군요. 맥주라도 마실까요?

> **어휘총정** 今日(きょう) 오늘　あつい 덥다　飲(の)む 마시다

확인문제 05 → p.158

> ✓**정답**
>
> | 1 ① | 2 ③ | 3 ② | 4 ④ | 5 ① |
> | 6 ① | 7 ① | 8 ① | 9 ③ | 10 ① |

1 ① ～ずに ~하지 않고
아이는 감기에 걸렸는데도 약을 **먹지 않고** 자 버렸다.

> **어휘총정** 子(こ)ども 아이　かぜを ひく 감기에 걸리다
> くすりを のむ 약을 먹다

2 ③ ～ちゃ だめだ ~해서는 안 된다
누가 나쁜 짓을 했는지 모르니 **화를 내서는** 안 된다.

> **어휘총정** 悪(わる)い 나쁘다　わかる 알다　おこる 화를 내다

3　② 동사 의지형+と する ~하려고 하다
다리가 아파서 앉으려고 했지만, 자리가 없었다.

어휘총정리 足(あし) 다리　いたい 아프다　すわる 앉다　せき 자리

4　④ 형용사 어간+さ 명사화
그 책의 재미에 놀랐다.

어휘총정리 本(ほん) 책　おもしろさ 재미　おどろく 놀라다

5　① ~なくては いけません ~하지 않으면 안 됩니다
서두르고 있으니 빨리 결정하지 않으면 안 됩니다.

어휘총정리 いそぐ 서두르다　早(はや)く 빨리
決(き)める 결정하다

6　① ~て くる ~해 오다(상태의 변화)
요즘 따뜻해졌군요.

어휘총정리 さいきん 최근　あたたかい 따뜻하다
형용사어간+く なる ~해 지다

7　③ 동사 종지형+らしい ~인(할) 것 같다
요전에, 야마다 씨가 자동차를 바꾼 것 같습니다.

어휘총정리 このあいだ 이전　自動車(じどうしゃ) 자동차
かえる 바꾸다

8　① ~て しまう ~해 버리다
전철에(서) 가방을 잊어버렸습니다.

어휘총정리 電車(でんしゃ) 전철　忘(わす)れる 잊다

9　③ 동사 과거형+ところだ 막 ~하다
A 오래 기다렸습니다.
B 아뇨, 저도 이제 막 왔습니다.

어휘총정리 お待(ま)たせしました 오래 기다렸습니다　今(いま) 지금
~はずだ 틀림없이 ~일(할) 것이다

10　① おかげさまで 덕분에
(「おかげで」는 단독으로 사용할 수 없다)
야마다 키다 씨, 건강해졌군요.
키다　예, 덕분에.

어휘총정리 元気(げんき)だ 건강하다
형용동사 어간+に なる ~게 되다
ご心配(しんぱい)なく 걱정하시지 마세요
ごえんりょなく 사양하시지 마세요

Part 3 もんだい 2 대비 집중 훈련

확인문제 01
→ p.162

✓정답　1 ③　2 ④　3 ①　4 ①　5 ①

1　③ みなさん、今日の かいぎは 3時 までです。
여러분, 오늘 회의는 3시까지입니다.

어휘총정리 今日(きょう) 오늘　かいぎ 회의

2　④ じしんで ビルが ゆれて つくえの 下に 入った。
지진으로 빌딩이 흔들려서 책상 밑으로 들어갔다.

어휘총정리 じしん 지진　ゆれる 흔들리다　下(した) 밑, 아래
入(はい)る 들어가다

3　① 山田さん、じかんが あったら いっしょに こうちゃでも いかがですか。
야마다 씨, 시간이 있으면 함께 홍차라도 어떻습니까?

어휘총정리 いっしょに 함께　こうちゃ 홍차

4　② ここで やきゅうの しあいが ひらかれる のを はじめて しった。
여기서 야구 시합이 열리는 것을 처음 알았다.

어휘총정리 やきゅう 야구　しあい 시합　ひらく 열다

5　① 本を わすれて きた ので、友だちに かして もらった。
책을 잊고 와서 친구에게 빌렸다.

어휘총정리 わすれる 잊다　かす 빌리다

확인문제 02
→ p.163

✓정답　1 ④　2 ③　3 ④　4 ①　5 ②

1　④ かれは 私の たんじょうび に うつくしい 花を くれました。
그는 내 생일에 아름다운 꽃을 주었습니다.

어휘총정리 たんじょうび 생일　うつくしい 아름답다　花(はな) 꽃

2　③ 山田さんが つれて きた 人の 名前は 聞いた ことが ありません。
야마다 씨가 데리고 온 사람의 이름은 들은 적이 없습니다.

어휘총정리 つれる 동반하다　名前(なまえ) 이름　聞(き)く 듣다

③ ④ いもうとは いつも 大学の とき ばかり 思い出して います。
여동생은 항상 대학 때 일만 떠올리고 있습니다.

> **어휘총정** いもうと 여동생　大学(だいがく) 대학
> 思(おも)い出(だ)す 떠올리다

④ ① まどの 外で 子どもが あそんで いるのが 見えます。
창 밖에서 아이가 놀고 있는 것이 보입니다.

> **어휘총정** まど 창　外(そと) 밖　あそぶ 놀다

⑤ ② ふうとうに じゅうしょと お名前 を 書いて ください。
봉투에 주소와 이름을 써 주세요.

> **어휘총정** ふうとう 봉투　じゅうしょ 주소　名前(なまえ) 이름
> 書(か)く 쓰다

확인문제 03 → p.164

✔ **정답**　① ③　② ④　③ ①　④ ②　⑤ ③

① ③ まどが あいて いるから いえに いる はずです。
창문이 열려 있으니 틀림없이 집에 있을 것입니다.

> **어휘총정** まど 창문　あく 열리다　いえ 집
> ~はずだ 틀림없이 ~이다

② ④ だいどころで へんな おとが して 行って みた。
부엌에서 이상한 소리가 나서 가 보았다.

> **어휘총정** だいどころ 부엌　へんだ 이상하다　おと 소리

③ ① この かばんは ほかの より もって あるくのに べんりです。
이 가방은 다른 것보다 들고 다니는데 편리합니다.

> **어휘총정** ほか 다른　あるく 걷다　동사기본형+のに ~하는데
> べんりだ 편리하다

④ ② たくさん 食べた のに、 おなかが すいて ラーメンを 食べた。
많이 먹었는데 배가 고파서 라면을 먹었다

> **어휘총정** おなかが すく 배가 고프다

⑤ ③ 私も やっと パーティーに 行く ことに なったんです。
나도 겨우 파티에 가게 되었습니다.

> **어휘총정** ~ことに なる ~하게 되다

확인문제 04 → p.165

✔ **정답**　① ①　② ③　③ ②　④ ②　⑤ ④

① ① みんな 仕事が おわって きたのに どうして あなただけ 来なかったの。
모두 일이 끝나고 왔는데 왜 당신만 오지 않았어?

> **어휘총정** 仕事(しごと) 일　おわる 끝나다

② ③ ひきだしには ノート とか 本とかが 入って います。
서랍에는 노트라든가 책 등이 있습니다.

> **어휘총정** ひきだし 서랍　本(ほん) 책　とか 라든가
> 入(はい)る 들어가다

③ ② 私の カメラは 山田さんの カメラ ほど 高くない。
내 카메라는 야마다 씨의 카메라만큼 비싸지 않다.

> **어휘총정** ほど 만큼

④ ② ちょっと デパート まで 行って くるから 待って。
잠시 백화점에 갔다 올 테니 기다려.

> **어휘총정** 待(ま)つ 기다리다

⑤ ④ かれは ひとりで りんごを いつつ も 食べたのに また お腹が すいたと 言う。
그는 혼자서 사과를 다섯 개나 먹었는데 또 배가 고프다고 한다.

> **어휘총정** いつつ 다섯 개　お腹(なか)が すく 배가 고프다

확인문제 05 → p.166

✔ **정답**　① ②　② ④　③ ①　④ ③　⑤ ③

① ② 昨日 あたらしく 買った ラジオを 友だちに こわされた。
어제 새로 산 라디오를 친구가 고장냈다.

> **어휘총정** 昨日(きのう) 어제　買(か)う 사다
> こわす 고장내다, 망가뜨리다

② ④ あしたの パーティーに これを 持って 行かなくても いいですか。

내일 파티에 이것을 가져가지 않아도 됩니까?

어휘총정리 持(も)つ 들다, 가지다

③ ① 毎日 べんきょうすれば テストの てんは あがる はずだよ。
매일 공부하면 틀림없이 시험 점수는 틀림없이 오를 것이다.

어휘총정리 毎日(まいにち) 매일　てん 점수　あがる 오르다
~はずだ 틀림없이 ~이다

④ ③ お母さんは むすめに しょうらいの ために 英語 を 勉強させた。
어머니는 딸에게 장래를 위해서 영어 공부를 시켰다.

어휘총정리 お母(かあ)さん 어머니　むすめ 딸　しょうらい 장래
英語(えいご) 영어　勉強(べんきょう) 공부

⑤ ③ 先生の 話に よると、ここの どうろは うみだっ た そうです。
선생님의 말씀에 의하면 이곳 도로는 바다였다고 합니다.

어휘총정리 ~に よると ~에 의하면　どうろ 도로　うみ 바다

확인문제 06

➜ p.167

✓정답 　1 ③　　2 ④　　3 ①　　4 ①　　5 ④

① ③ 来年 日本へ りゅうがく に 行こうと 思って い るが お金が ない。
내년에 일본에 유학 가려고 생각하고 있는데 돈이 없다.

어휘총정리 来年(らいねん) 내년　りゅうがく 유학

② ④ かれは 今日も 学校 に 来なかったので かぜか もしれない。
그는 오늘도 학교에 오지 않았기 때문에 감기일지도 모른 다.

어휘총정리 今日(きょう) 오늘　学校(がっこう) 학교
~かもしれない ~일지도 모른다

③ ① これの 作りかた を みんなに おしえて くださ い。
이것의 만드는 방법을 모두에게 가르쳐 주세요.

어휘총정리 作(つく)りかた 만드는 방법　おしえる 가르치다

④ ① 先週から 本を よみすぎて 目が いたく なっ た。
지난주부터 책을 너무 읽어서 눈이 아파졌다.

어휘총정리 先週(せんしゅう) 지난주　本(ほん) 책　よむ 읽다
目(め) 눈

⑤ ④ この アパートは べんりな うえ に とても 広い です。
이 아파트는 편리한 데다가 매우 넓습니다.

어휘총정리 べんりだ 편리하다　～うえに ～한 데다가
広(ひろ)い 넓다

확인문제 07

➜ p.168

✓정답 　1 ①　　2 ②　　3 ④　　4 ③　　5 ③

① ① 私が 行きますから あなたは 行かない ほうが いい。
내가 가니까 당신은 가지 않는 편이 좋다.

② ② カーテンを あける と、しろい ゆきが ふって いた。
커튼을 열자 하얀 눈이 내리고 있었다.

어휘총정리 あける 열다　しろい 하얗다　ゆき 눈　ふる 내리다

③ ④ 卒業の おいわい で 本を おくって くれた。
졸업 축하선물로 책을 보내주었다.

어휘총정리 卒業(そつぎょう) 졸업　おいわい 축하선물
おくる 보내다

④ ③ きのう、おそく まで おさけを のんだから、友 だちは きょうは ねむい はずだ。
어제 늦게까지 술을 마셨기 때문에, 친구는 오늘은 틀림없 이 졸릴 것이다.

어휘총정리 きのう 어제　おそい 늦다　おさけを のむ 술을 마시다
ねむい 졸리다　～はずだ 틀림없이 ~이다

⑤ ③ 勉強しよう と した とき、友だちに 来られた。
공부하려고 할 때 친구가 왔다.

어휘총정리 勉強(べんきょう) 공부

확인문제 08

➜ p.169

✓정답 　1 ④　　2 ①　　3 ②　　4 ②　　5 ④

① ④ ぶんがくの しゅくだいが あった の を、忘れて いた。
문학 숙제가 있었다는 것을 잊고 있었다.

어휘총정리 ぶんがく 문학　しゅくだい 숙제　忘(わす)れる 잊다

2 ①私は みちに まよっている おばあさんに みちを おしえて あげた。
나는 길을 잃은 할머니에게 길을 가르쳐 드렸다.

어휘총정 みちに まよう 길을 잃다 おばあさん 할머니 みち 길
おしえる 가르치다

3 ②かどを 右へ まがると おおきな はしが あります。
모퉁이를 오른쪽으로 돌면 큰 다리가 있습니다.

어휘총정 かど 모퉁이 右(みぎ) 오른쪽 まがる 돌다
はし 다리

4 ②来週から 外国へ しゅっちょうに 行く ことに なりました。
다음 주부터 외국에 출장 가게 되었습니다.

어휘총정 来週(らいしゅう) 다음 주 外国(がいこく) 외국
しゅっちょう 출장 ～ことに なる ～하게 되다

5 ④明日の あつまりに 山田さんも 来る ように 言って ください。
내일 모임에 야마다 씨도 오도록 말해 주세요.

어휘총정 明日(あした) 내일 あつまり 모임 ～ように ～하도록

확인문제 09 → p.170

✓정답 1 ③ 2 ① 3 ① 4 ④ 5 ②

1 ③図書館へ レポートの ため かりた 本を かえしに 行きます。
도서관에 리포트를 위해서 빌린 책을 돌려주러 갑니다.

어휘총정 図書館(としょかん) 도서관 かりる 빌리다
かえす 갚다, 돌려주다

2 ①外に 出ると あめが ふっていて かさを かった。
밖에 나가니 비가 내리고 있어서 우산을 샀다.

어휘총정 外(そと) 밖 出(で)る 나가다 あめが ふる 비가 내리다
かさ 우산

3 ①サチコさんが おしえて くれた 料理を 作ったのに しっぱいした。
사치코 씨가 가르쳐 준 요리를 만들었는데 실패했다.

어휘총정 おしえる 가르치다 料理(りょうり) 요리
作(つく)る 만들다 しっぱい 실패

4 ④おとうとは ごはんを 食べおわると はも みがかないで すぐ ねた。
남동생은 밥을 다 먹자, 이도 닦지 않고 바로 잤다.

어휘총정 おとうと 남동생 たべおわる 다 먹다 は 이
みがく 닦다

5 ②私は いつも 会社へ 行く 前に しんぶんを 読みます。
나는 항상 회사에 가기 전에 신문을 읽습니다

어휘총정 会社(かいしゃ) 회사 前(まえ) 전 しんぶん 신문
読(よ)む 읽다

확인문제 10 → p.171

✓정답 1 ④ 2 ② 3 ① 4 ① 5 ①

1 ④せんぱいの さいふは あの くろいの かもしれない。
선배의 지갑은 저 검은 것일지도 모른다.

어휘총정 せんぱい 선배 さいふ 지갑 くろい 검다
～かもしれない ～일지도 모른다

2 ②先生が いらっしゃるまで 時間が あるから コーヒーでも 飲みながら 待ちましょう。
선생님이 오실 때까지 시간이 있으니, 커피라도 마시면서 기다립시다.

어휘총정 いらっしゃる 「行(い)く(가다)・来(く)る(오다)」의 존경어
時間(じかん) 시간 飲(の)む 마시다 待(ま)つ 기다리다

3 ①今日は 時間が なくて だめですが、 今日じゃなければ いつでも いいですよ。
오늘은 시간이 없어서 안 되지만, 오늘이 아니면 언제든지 좋습니다.

어휘총정 今日(きょう) 오늘 だめだ 안 되다

4 ①はれる 日は、 ここから ふじ山を 見る ことが できます。
맑은 날은 여기에서 후지산을 볼 수가 있습니다.

어휘총정 はれる 맑다 日(ひ) 날

5 ①たいへんな ことが あったのか、 お父さんは たばこを すってばかり いる。
힘든 일이라도 있었는지, 아버지는 담배를 피기만 한다.

어휘총정 たいへんだ 힘들다 お父(とう)さん 아버지 すう 피다
～てばかり いる ～하기만 하다

Part 4 もんだい3 대비 집중 훈련

1. 단문 연습 문제 25 ➜ p.174

✓정답

1 ④	2 ①	3 ③	4 ①	5 ③
6 ④	7 ④	8 ③	9 ③	10 ①
11 ②	12 ④	13 ③	14 ③	15 ①
16 ①	17 ②	18 ①	19 ③	20 ④
21 ③	22 ②	23 ①	24 ④	25 ③

1 ④ ～が ～이(가)
자전거를 탄 중학생이 왔다.
어휘총전 自転車(じてんしゃ) 자전거　～に 乗(の)る ～을(를) 타다
中学生(ちゅうがくせい) 중학생

2 ① ～は…を+て くれる ～은(는) …을(를) 해 주다
어머니는 간식을 만들어 주었습니다.
어휘총전 母(はは) 어머니　おやつ 간식　つくる 만들다

3 ③ 기간+に+횟수 ～에
일주일에 한 번은 회의가 있습니다.
어휘총전 一週間(いっしゅうかん) 일주일　～かい ～번
かいぎ 회의

4 ① ～に ～에
이벤트에 친구와 (함께) 갑니다.
어휘총전 友(とも)だち 친구　行(い)く 가다

5 ③ ～は ～은(는)
옛날은 여기에 레스토랑은 없었습니다.
어휘총전 昔(むかし) 옛날　ここ 여기

6 ④ 安心(あんしん)する 안심하다
아기는 내가 보살필 테니, 안심하고 외출하세요.
어휘총전 赤(あか)ちゃん 아기　せわをする 보살피다
出(で)かける 외출하다

7 ④ まちがう 틀리다
어제 틀린 곳을 한번 더 복습했습니다.
어휘총전 昨日(きのう) 어제　一度(いちど) 한 번
ふくしゅう 복습

8 ③ 동사 가능형+ように なる ～할 수 있도록 되다
올해는 1킬로 헤엄칠 수 있도록 되고 싶습니다
어휘총전 今年(ことし) 올해　およぐ 헤엄치다

9 ③ 동사 과거형+ばかり 막 ～하다
조금 전, 막 밥을 먹었기 때문에 배가 부릅니다.
어휘총전 さっき 조금 전　食事(しょくじ) 식사
おなかが いっぱいだ 배가 부르다

10 ① 行(い)けば いいですか 가면 됩니까?
이 영화를 보고 싶습니다만, 어디에 가면 됩니까?
어휘총전 映画(えいが) 영화　見(み)る 보다

11 ② 休(やす)みを とる 휴가를 잡다
A 최근에 일은 어떻습니까?
B 휴일을 전혀 잡을 수 없습니다.
어휘총전 さいきん 최근　しごと 일　おかげさまで 덕분에
ぜんぜん 전혀　これから 지금부터
동사의지형+と 思(おも)う ～하려고 생각하다
やっと 겨우　会社(かいしゃ) 회사

12 ④ もちろん 물론
A 다음 주 실례해도 되겠습니까?
B 물론입니다.
어휘총전 らいしゅう 다음 주　おじゃまする 실례하다
ごちそうさまでした 잘 먹었습니다
かしこまる 「わかる(알다)」의 겸양어

13 ③ 타동사+て ある 상태 표현(～해져 있다)
A 새로운 사무실의 주소는 어디입니까?
B 여기에 적혀 있습니다.
어휘총전 新(あたら)しい 새롭다　じむしょ 사무실
じゅうしょ 주소　書(か)く 쓰다

14 ③ かいだんを のぼる 계단을 오르다
A 엘리베이터가 고장입니다.
B 계단을 올라갑시다.
어휘총전 こしょう 고장　すぐ 바로　なおす 고치다
こうばん 파출소　電話(でんわ) 전화
あまり 그다지, 별로

15 ① ～でも ある ～라도 있다
A 늦었기 때문에 달려서 학교에 갔습니다.
B 사고라도 있었습니까?
어휘총전 おそい 늦다　はしる 달리다　学校(がっこう) 학교
行(い)く 가다　じこ 사고　電車(でんしゃ) 전철
はやく 빨리　おきる 일어나다　からだ 몸

16 ①

A 지진의 뉴스를 듣고 깜짝 놀랐습니다.

B 지진이 있었던 것입니까?

A 예, 빌딩도 흔들렸습니다.

어휘총전 じしん 지진　聞(き)く 듣다　びっくりする 놀라다
ゆれる 흔들리다　すばらしい 멋지다　とても 매우
いい 좋다　友(とも)だち 친구

17 ② 형용사 종지형+のに ~텐데

A 방이 추워서 감기에 걸렸습니다.

B 스토브를 켰으면 좋았을 텐데.

A 그래서 오늘은 회사에 가지 않고 쉬고 있습니다.

어휘총전 へや 방　さむい 춥다　형용사 어간+く なる ~해 지다
かぜを ひく 감기에 걸리다　~て しまう ~해 버리다
つける 켜다　今日(きょう) 오늘　会社(かいしゃ) 회사
行(い)く 가다　~ずに ~하지 않고　休(やす)む 쉬다
かさ 우산　持(も)つ 들다, 가지다　ごはん 밥
たべる 먹다　かぎを かける 열쇠를 채우다

18 ①

A 2층 창문은 전부 닫혀 있습니까?

B 예, 조금 전에 야마다 씨가 닫았기 때문에 괜찮습니다.

A 그래도 한번 더 살펴 주세요.

어휘총전 ~階(かい) ~층　まど 창문　ぜんぶ 전부　しめる 닫다
타동사+て ある 상태 표현　さっき 조금 전
たいじょうぶだ 문제없다　一度(いちど) 한 번
しらべる 조사하다　そば 옆　わかる 알다　すぐ 바로
なおす 고치다

19 ③ 「けっこん」은 반드시 현재 진행형으로, 결혼을 했는지 안
했는지를 표현한다.

A 사치코 씨는 벌써 결혼했습니까?

B 아니오, 아직 혼자입니다.

A 벌써 33살이죠?

어휘총전 もう 이미, 벌써　けっこん 결혼　ひとり 혼자
子(こ)ども 아이

20 ④

A 기계가 움직이지 않습니다.

B 그럼, 이 파란 버튼을 눌러 봐 주세요.

A 아, 움직이네. 고맙습니다.

어휘총전 きかい 기계　うごく 움직이다　あおい 파랗다
おす 누르다　まだ 아직　きかい 기회
右(みぎ) 오른쪽

21 ③

A 와타나베 씨, 와타나베 씨, 집에 있습니까?

B 아, 열쇠가 채워져 있습니다.

A 정말이네. 그럼 집에 없겠군요.

B 예, 다음에 옵시다.

어휘총전 かぎが かかる 열쇠가 채워지다　ほんとう 진짜, 정말
また 또　あとで 나중에　へんだ 이상하다
音(おと)が する 소리가 나다
でんきを つける 불을 켜다
타동사+て ある 상태 표현　見(み)る 보다

22 ②

A 이번 주 일요일, 집에 놀러 오지 않겠습니까?

B 예, 이번 주 일요일 말하는 거죠?

A 술은 마실 수 있습니까?

B 맥주는 마실 수 있습니다만, 위스키는 못 마십니다.

어휘총전 今週(こんしゅう) 이번 주　にちようび 일요일
あそぶ 놀다　동사ます형+に ~하러　おさけ 술
飲(の)む 마시다　ぎゅうにく 소고기　食(た)べる 먹다
ぶたにく 돼지고기　りんご 사과　みかん 귤
やさい 채소　にく 고기

23 ①

A 오랜만이군요.

B 예.

A 어딘가에서 차라도 마시면서 이야기합시다.

B 그럼, 저 커피숍에 들어갑시다.

어휘총전 ひさしぶり 오랜만　おちゃ 차　飲(の)む 마시다
동사ます형+ながら ~하면서　話(はな)す 이야기하다
入(はい)る 들어가다　行(い)く 가다　はやく 빨리
かえる 돌아가다　ほか 다른　電話(でんわ) 전화

24 ④

A 다음 주 고향에 돌아갑니다. 여러 가지로 신세를 졌습니다.

B 아니에요.

A 고향에 돌아가면 자동차 회사에서 일할 생각입니다.

B 그렇습니까? 열심히 하세요.

어휘총전 来週(らいしゅう) 다음 주　国(くに) 고향
かえる 돌아가다(오다)　いろいろ 여러 가지
おせわに なる 신세를 지다　自動車(じどうしゃ) 자동차
会社(かいしゃ) 회사　~で はたらく ~에서 일하다
いけません 안 됐군요
ごちそうさまでした 잘 먹었습니다
がんばる 열심히 하다

25 ③

A 야마다 씨는 언제 미국에 갑니까?

B 이번 달 하순에 갈 예정입니다.

A 어느 정도 있습니까?

B 일주일 예정입니다.

어휘총전 いつ 언제　行(い)く 가다　今月(こんげつ) 이번 달
おわり 끝, 하순　よてい 예정
〜週間(しゅうかん) 〜주일　いくら 얼마
かかる 걸리다　おいくつですか 연세가 어떻게 됩니까?

확인문제 01

➤ p.180

✓**정답**　1 ②　　2 ①　　3 ④　　4 ③　　5 ②

일본에서는 쓰레기를 버리는 것이 매우 힘듭니다. 타는 쓰레기(가연성)라든가 타지 않는 쓰레기(불연성)라든가, 병, 신문 등 여러 종류가 있어서, 전부 나누지 않으면 안 됩니다. 거기에 살고 있는 주민이라도 가끔 1 틀리거나 합니다. 그래서 외국인인 나 2 에게는 더욱 힘든 것이 당연한 것입니다.

일본에 온 지 얼마 되지 않았을 때는 한자도 그다지 알지 못했기 때문에 게시판에 쓰레기 버리는 방법이 적혀 있어도 3 그것을 읽을 수 없었기 때문에 요일을 틀리거나 했던 것입니다. 지금은 한자를 읽을 수 있기 때문에 문제없습니다만….

우리나라에서는 그렇게 분리하지 않아도 되기 때문에 간단합니다. 게다가 일본에서는 살고 있는 곳에 따라 쓰레기 분리 방법이 4 다릅니다. 그렇기 때문에 이사를 하면, 또 그곳의 분리 방법을 익히지 않으면 안 됩니다. 처음에는 매우 힘들었습니다만, 지금은 쓰레기는 분리해서 버리는 편이 좋다고 생각합니다. 그것이 자연에 좋기 때문에. 하지만 일본 전체 5 어느 곳이나 같은 분리 방법으로 하면 좋다고 생각합니다. 그렇게 하면, 이사를 해도 같은 방법으로 쓰레기를 버리면 되겠죠.

어휘총전 日本(にほん) 일본　捨(す)てる 버리다
たいへんだ 힘들다　もえる 타다　ビン 병
新聞(しんぶん) 신문　種類(しゅるい) 종류
ぜんぶ 전부　分(わ)ける 나누다　住(す)む 살다
住民(じゅうみん) 주민　たまに 가끔
まちがう 틀리다　外国人(がいこくじん) 외국인
もっと 더욱　あたりまえだ 당연하다
동사과거형+ばかり 막 〜하다　漢字(かんじ) 한자
知(し)る 알다　けいじばん 게시판

捨(す)て方(かた) 버리는 방법　書(か)く 쓰다
타동사+て ある 상태 표현　読(よ)む 읽다
よう日(び) 요일　問題(もんだい) 문제　国(くに) 나라
簡単(かんたん)だ 간단하다　〜に よって 〜에 따라서
分(わ)け方(かた) 분리 방법　引(ひ)っ越(こ)し 이사
覚(おぼ)える 기억하다, 익히다　さいしょ 처음, 최초
自然(しぜん) 자연　日本中(にほんじゅう) 일본 모든 곳
同(おな)じ 같음

확인문제 02

➤ p.181

✓**정답**　1 ②　　2 ④　　3 ④　　4 ①　　5 ③

이 씨는 결혼했습니다. 결혼한 뒤에도 회사를 다니고 있습니다.

이　　　실례합니다만, 사치코 씨는 대학생입니까?

사치코　아니요, 저는 이제 학생이 아닙니다. 재작년에 졸업하고, 지금은 무역회사에 근무하고 있습니다.

이　　　아직 혼자입니까?

사치코　아니요, 작년에 1 결혼했습니다.

이　　　그렇습니까? 아이는 있습니까?

사치코　아이는 없습니다만, 집안 일을 하면서 회사에 근무하는 것이 2 상당히 힘듭니다.

이　　　그렇군요. 매일 집에 돌아오는 것은 늦습니까?

사치코　예. 대체로 8시나 9시경이 됩니다.

이　　　그럼, 남편 분도 청소나 밥을 짓거나 합니까?

사치코　아니요, 남편은 청소나 밥을 짓는 3 것을 싫어합니다. 남편도 회사에 근무하고 있습니다만, 조금은 4 도와주기를 바래요.

이　　　그래도 빨래 정도는 해 주죠?

사치코　아니요, 빨래도 전혀 해 주지 않습니다. 전부 5 제가 합니다.

이　　　매우 힘들겠군요.

어휘총전 結婚(けっこん) 결혼　あと 뒤, 후
会社(かいしゃ) 회사　通(かよ)う 다니다
しつれい 실례　大学生(だいがくせい) 대학생
おととし 재작년　そつぎょう 졸업　今(いま) 지금
ぼうえき会社(がいしゃ) 무역 회사
つとめる 근무하다　一人(ひとり) 혼자　きょねん 작년
子(こ)ども 아이　仕事(しごと) 일
동사ます형+ながら 〜하면서　たいへんだ 힘들다
毎日(まいにち) 매일　帰(かえ)る 돌아가다(오다)
おそい 늦다　だいたい 대체로　〜時(じ) 〜시
〜ごろ 〜경　ご主人(しゅじん) (남의) 남편　そうじ 청소

ごはん 밥　つくる 만들다　きらいだ 싫어하다
少(すこ)し 조금　てつだう 돕다
〜て ほしい 〜해 주기를 바라다　せんたく 빨래, 세탁
〜ぐらい 〜정도　ぜんぜん 전혀　全部(ぜんぶ) 전부

ふえる 증가하다　二(ふた)つ 두 개
聞(き)こえる 들리다　文法(ぶんぽう) 문법
ただしい 바르다　外国人(がいこくじん) 외국인
〜にとって 〜에 있어서　むずかしい 어렵다
とくに 특히　もっと 더욱　だいたい 대부분, 대체로
英語(えいご) 영어

확인문제 03

→ p.182

✓정답　1 ④　2 ③　3 ①　4 ②　5 ③

　일본어 중에는 경어가 있습니다. 경어란 학생이 선생님께 이야기를 할 때에 사용하거나, 젊은 사람이 1 나이를 먹은 사람에게 이야기를 할 때에 사용하거나 하는 정중한 말입니다. 친구들과 이야기할 때의 말투와는 다른 것입니다. 2 예를 들면, 「食べます」의 경어는 「召し上がります」라고 합니다. 이것은 보통의 말투와 경어가 전혀 다른 형태의 경우입니다.

　이외에 「ます」대신에 「られます」를 사용하는 말투가 있습니다. 조금 전의 「食べます」는 3 「食べられます」라고 말합니다. 즉, 선생님께 식사 시간을 물을 때는 「何時に ご飯を 召し上がりますか」라고 물어도 좋고, 「何時に ご飯を 食べられますか」라고 물어도 상관없습니다. 하지만, 요즘 잘못된 사용법을 쓰는 사람이 늘고 있습니다. 예를 들면, 「先生は 何時に ご飯を 召し上がられますか」라고 묻는 사람입니다. 이것은 경어를 4 두 개 사용하고 있어서 매우 정중한 말투처럼 들립니다만, 문법이 바르지 않기 때문에 전혀 정중한 표현은 아닙니다. 이 경어 5 는 외국인에게 있어서는 매우 어렵다고 합니다. 특히, 서양인의 경우 더욱 어렵다고 합니다. 그것은 대부분의 서양인이 사용하고 있는 영어에는 경어가 없기 때문이겠죠. 여러분은 올바른 문법으로 경어를 사용해 주세요.

어휘총정 日本語(にほんご) 일본어　敬語(けいご) 경어
　〜とは 〜라는 것은　学生(がくせい) 학생
　先生(せんせい) 선생님　話(はなし) 이야기
　使(つか)う 사용하다　若(わか)い 젊다
　年(とし)を とる 나이를 먹다
　ていねいだ 친절하다, 정중하다　ことば 말
　友(とも)だち 친구　言(い)い方(かた) 말투
　ちがう 다르다　たとえば 예를 들면
　召(め)し上(あ)がる 「食(た)べる (먹다)・飲(の)む (마시다)」
　의 존경어　ふつう 보통　ぜんぜん 전혀　かたち 형태
　場合(ばあい) 경우　ほか 외　代(か)わりに 대신에
　さっき 조금 전　つまり 즉　食事(しょくじ) 식사
　時間(じかん) 시간　聞(き)く 묻다, 듣다　ご飯(はん) 밥
　かまわない 상관없다　さいきん 최근　まちがう 틀리다

확인문제 04

→ p.183

✓정답　1 ①　2 ④　3 ③　4 ②　5 ①

이케다　오카다 씨, 1 어떻게 해서 이 기계를 사용합니까?
오카다　이것말입니까? 제일 먼저 오른쪽에 있는 스위치를 켜고, 다음에 이 파란 버튼을 누르면 움직입니다.
이케다　간단하군요. 저번 주 막 들어 온 기계이기 때문에, 그 사용방법을 모르겠습니다.
오카다　그렇습니까? 그런데 만약 사용하고 있을 때, 이 빨간 램프가 켜지면 바로 2 멈춰 주세요. 고장이니까요.
이케다　고장났을 때 어떻게 하면 됩니까?
오카다　우선 스위치를 체크해 주세요. 그것에 문제가 없으면 한가운데에 있는 버튼을 3 살펴 주세요.
이케다　고장일 경우는 한가운데의 버튼은 어떻게 됩니까?
오카다　빨갛게 되거나 파랗게 되거나 합니다.
이케다　그렇습니까? 그 때는 어떻게 합니까?
오카다　저를 부르러 와 주세요. 고장의 원인을 조사해야 하니까.
이케다　4 역시 어려운 기계이군요.
오카다　하지만 주의해서 사용하면 고장날 5 리는 없습니다.
이케다　알겠습니다.

어휘총정 きかい 기계　使(つか)う 사용하다　はじめに 제일 먼저
　右(みぎ) 오른쪽　入(い)れる 넣다　つぎ 다음
　あおい 파랗다　おす 누르다　うごく 움직이다
　かんたんだ 간단하다　先週(せんしゅう) 저번 주
　入(はい)る 들어오다　동사과거형+ばかり 막 〜하다
　使(つか)いかた 사용방법　わかる 알다　もし 만약
　あかい 빨갛다　つく 켜지다　とめる 멈추다
　こしょう 고장　まず 우선　チェック 체크
　問題(もんだい) 문제　まん中(なか) 한가운데
　しらべる 조사하다, 살피다　ばあい 경우
　あおい 파랗다　よぶ 부르다　동사ます형+に 〜하러
　げんいん 원인　やっぱり 역시　むずかしい 어렵다
　気(き)を つける 주의하다
　〜はずは ない 〜할 리는 없다

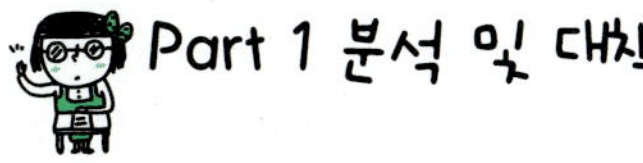

Part 1 분석 및 대책

3. 독해 워밍업

01 문장의 구성과 해석법 → p.197

다음 A·B에는 어떤 말을 넣으면 좋습니까? 가장 적당한 것을 고르세요.

1 ③ そだつ 자라다 そだてる 키우다
   1) 이 꽃은 아무것도 하지 않았는데도 크게 <u>자랐다</u>.
   2) 이 꽃은 어머니가 소중히 <u>길렀다</u>.

   어휘충전 花(はな) 꽃 何(なに)も 아무것도
   ~のに ~임에도 불구하고
   大(おお)きい 크다 大切(たいせつ)に 소중히

   독해의 지배법 자동사와 타동사를 묻는 문제이다. 타동사는 목적격 조사 「を」를 동반하는데, 문장 속에서 「~을(를)」의 의미를 내포하고 있으면 타동사를 사용하고, 그렇지 않으면 자동사를 사용한다. N4에서 취급하는 자동사와 타동사는 한정되어 있으므로 반드시 암기하도록 한다.

2 ② ほめる 칭찬하다 ほめられる 칭찬 받다(수동형)
   1) 그 선생님은 학생을 자주 <u>칭찬했습니다</u>.
   2) 나는 사장님께 매우 <u>칭찬 받았습니다</u>.

   어휘충전 先生(せんせい) 선생님 せいと 학생 よく 자주
   社長(しゃちょう) 사장(님)

   독해의 지배법 기본형이냐 수동형이냐를 알 수 있는 방법은 그 문장 구조에 있다. 문장의 해석만으로도 정답을 찾을 수 있다면 가장 좋지만, 그렇지 못할 경우는 아래의 수동태의 문장구조를 잘 파악해 두시기 바란다.
   (1) 피해자(は·が) + 가해자(に) + ○을 + 수동(타동사)
   예 私はどろぼうにラジオをぬすまれた。
   　　나는 도둑에게 라디오를 도둑맞았다.
   (2) 피해자(は·が) + 가해자(に) + 수동(자동사)
   예 山田さんはどろぼうにはいられた。
   　　야마다 씨는 도둑맞았다.

3 ①
   1) 비도 내리고, 바람도 붑니다.
   2) 비도 내리고, 바람도 분다.

   어휘충전 雨(あめ) 비 ふる 내리다
   동사종지형+し ~고, ~해서(열거) 風(かぜ) 바람
   ふく 불다

독해의 지배법 일단 조사 「し」는 열거를 할 때 사용하는 것임을 알아야 한다. 접속 형태는 다음과 같다.
(1) 명사·형용동사 + だ/だった + し
예 先生だし/先生だったし 선생님이고/선생님이었고
　　きれいだし/きれいだったし 예쁘고/예뻤고
(2) 형용사·동사 종지형 + し
예 おいしいし/おいしかったし 맛있고/맛있었고
　　食べるし/食べたし 먹고/먹었고
「し」는 접속형의 문장이 정중체일 경우 뒤에 정중체가 오고, 접속형의 문장이 반말일 경우는 뒤에 반말이 온다.

4 ④ ~はずだ 틀림없이 ~일 것이다 ~だろう ~일 것이다
   1) 처음부터 확실히 설명하면 아마 틀림없이 <u>알았을 것이다</u>.
   2) 처음부터 확실히 설명하면 대체로 <u>알아 줄 것이다</u>.

   어휘충전 はじめ 처음 はっきり 분명히 説明(せつめい) 설명
   きっと 틀림없이 たいてい 대체로 わかる 알다

   독해의 지배법 부사 「きっと」와 「たいてい」의 의미를 확실히 알고 있는가를 묻는 문제이다. 「たいてい」는 「だいたい」와 같은 말이다. 그리고 「~てくれる」는 「다른 사람이 나에게 해 주다」의 의미이므로, 어떠한 설명을 하는지에 따라 이해의 정도가 다름을 나타낸다. 「はっきり」라는 부사는 「~ようだ(~일 것이다)」나 「~かもしれない(~일지도 모른다)」와는 접속을 할 수 없다.

5 ③
   1) 저 버스는 역에 갑니다만, 이 버스는 <u>안 갑니다</u>.
   2) 이 버스는 병원 행입니다만, 역에도 <u>갑니다</u>.

   어휘충전 駅(えき) 역 行(い)く 가다 病院(びょういん) 병원
   ~行(ゆ)き ~행 ~へも ~에도

   독해의 지배법 1)번 문장은 조사 「が」는 역접관계를 나타낸다. 따라서 뒤에 오는 문장은 반대의 상황이 온다. 하지만 2)번 문장은 조사 「へも」라는 조사는 「~에도」라는 의미이므로 전후 문장이 역접으로 구성되는 것이 아니고, 같은 방향으로 향한다는 것을 나타낸다.

6 ④
   1) 나는 친구에게 약을 <u>사 주었습니다</u>.
   2) 나를 위해서 친구가 약을 <u>사 주었습니다</u>.

   어휘충전 友(とも)だち 친구 くすり 약 買(か)う 사다
   ~のために ~을(를) 위해서

   독해의 지배법 「あげる·くれる」에 대해서 다음의 표를 보고 정확하게 암기하기 바란다.

Ⅰ. あげる

대상	あげる	대상
~が/~は (내가 · 남이/ 나는 · 남은)	나의 행위(겸양)	~に(남에게)
	差(さ)し上(あ)げる	
나 · 남	주다	남
	やる (동/식물, 손아래사람, 동년배)	

Ⅱ. くれる

대상	くれる	대상
~が/~は (남이/남은)	남의 행위(존경)	~に(나에게)
	くださる	
남	주다	나

さき おととい 先一昨日	그끄저께(3일 전)
おととい 一昨日	그저께
きのう 昨日	어제
きょう 今日	오늘
あした 明日	내일
あさって 明後日	모레
しあさって 明明後日	글피(3일 후)

7 ③

1) 내 부상으로 부모님은 매우 <u>걱정했습니다</u>.
2) 내 부상으로 부모님에게 매우 걱정을 <u>끼쳤습니다</u>.

어휘총전 けが 부상 両親(りょうしん) 부모님 たいへん 매우 心配(しんぱい) 걱정

독해의 지배법 독해에서는 이처럼 수동과 사역, 사역수동에 관한 문제가 많이 출제가 된다. 사역 표현에 대한 정확한 문장구조를 알면 쉽게 풀 수가 있으므로, 아래의 사역의 문장구조를 정확히 암기하기 바란다.

(1) 시키는 자(は·が) + 시킴을 받는 자(に) + ○を + 사역(타동사)

[예] 私は弟にかばんを持たせた。
　　나는 남동생에게 가방을 들게 했다.

(2) 시키는 자(は·が) + 시킴을 받는 자(を) + 사역(자동사)

[예] 先生は山田さんを行かせた。
　　선생님은 야마다 씨를 가게 했다.

(3) 원인제공자(は·が) + 원인제공을 받는 자(を) + 사역(자동사)

[예] 兄は弟を泣かせた。　형은 남동생을 울렸다.

8 ③

1) 그러고 보니 어제 회의가 <u>있었습니다</u>.
2) 그러고 보니 내일 회의가 <u>있습니다</u>.

어휘총전 きのう 어제　かいぎ 회의　あした 내일

독해의 지배법 시제를 묻는 문제는 독해뿐만 아니라 청취에서도 자주 출제된다. 1)번은 「きのう」 2)번은 「あした」가 포인트가 된다. 그 외에 시제를 알 수 있는 단어는 다음과 같다.

9 ④

1) 친구에게 <u>이끌려</u> 파티에 갔습니다.
2) 친구를 <u>데리고</u> 파티에 갔습니다.

어휘총전 友(とも)だち 친구　つれる 동반하다

독해의 지배법 「つれる」의 의미를 먼저 파악해야 한다. 「つれられる」는 「이끌리다」로 해석을 해야 모든 문장을 부드럽게 해석할 수 있다. 1)번은 조사 「に」가 있으므로 「수동형」을 사용해야 하고, 2)번은 조사 「を」를 사용했으므로 「원형」을 사용한다.

10 ①

1) 어느 때보다 일찍 일어났기 때문에, 6시 전철 시간에 맞았다.
2) 어느 때보다 일찍 일어났음에도, 6시 전철 시간에 맞지 <u>않았다</u>.

어휘총전 早(はや)く 빨리　起(お)きる 일어나다 電車(でんしゃ) 전철　まにあう 시간이나 양에 맞다

독해의 지배법 「ので」와 「のに」의 구분이다. 아래의 내용을 암기하도록 하자.

① 명사 · 형용동사+なので/だから / 형용사 · 동사+ので/から ~이기 때문에

[예] 夏なのであつい。 여름이기 때문에 덥다.
しずかなのでよくべんきょうできる。
조용해서 공부를 잘 할 수 있다.
おいしいのでたさん食べた。 맛있어서 많이 먹었다.
一日中、仕事をしたからつかれた。
하루 종일 일을 해서 피곤했다.

② 명사 · 형용동사+なのに / 형용사 · 동사+のに ~임에도 불구하고

[예] 夏なのにあつくない。 여름임에도 덥지 않다.
しずかなのにうるさいと言う。
조용함에도 시끄럽다고 한다.
おいしいのに食べない。 맛있음에도 안 먹는다.
一日中、仕事をしたのにつかれてない。
하루 종일 일을 했음에도 피곤하지 않다.

11 ②

1) 이곳은 위험하니 <u>오지 말아주세요</u>.
2) 전철이 <u>오지 않아서</u> 회사에 늦었습니다.

어휘충전 あぶない 위험하다　入(はい)る 들어오다(가다)
　　　電車(でんしゃ) 전철　会社(かいしゃ) 회사
　　　おくれる 늦다

독해의 지배법 「〜ないで」와「〜なくて」의 차이이다. 아래의 내용을 알아
　　두자.
　　「〜ないで」는 '〜하지 않고'라는 금지를 나타낸다.
　　例 へやに入らないでください。 방에 들어가지 마세요.
　　　　ごはんを食べないでねた。 밥을 먹지 않고 잤다.
　　「〜なくて」는 이유 설명이다.
　　例 しゅくだいを持って来なくてこまっています。
　　　　숙제를 가지고 오지 않아서 난처합니다.

12 ④

1) 올해 여름방학은 어딘가에 <u>갑시다</u>.
2) 올해 여름방학은 아무데도 <u>안 갑니다</u>.

어휘충전 ことし 올해　夏休(なつやす)み 여름방학

독해의 지배법 「どこかへ」와「どこへも」의 차이이다. 「どこかへ行きまし
　　ょう」라는 질문에「はい、どこかへ行きましょう(예, 어딘
　　가에 갑시다)」가 아니라, 구체적으로 가고자 하는 곳을 표현
　　해야 한다. 「どこかへ行きましたか」에 대한 대답도 마찬가
　　지로「はい、どこかへ行きました(예, 어딘가에 갔습니다)」
　　는 적절하지 않다. 「どこかへ」의「か」는 불확실한 것을 나타
　　내는 조사로서, 예를 들면「今、何時かわかりません(지금
　　몇 신지 모르겠습니다)」처럼 쓰인다.

13 ①

1) 저번 주, 친구의 생일에 선물을 <u>주었습니다</u>.
2) 저번 주, 내 생일에 친구로부터 선물을 <u>받았습니다</u>.

어휘충전 先週(せんしゅう) 저번 주　友(とも)だち 친구
　　　たんじょうび 생일

독해의 지배법 「あげる」에 대해서는 6번에서 언급을 하였다. 아래에서 「も
　　らう」에 대해서 알아보도록 하자.

대상	もらう	대상
〜が/〜は (내가 · 남이/나는 · 남은)	나의 행위(겸양) いただく	〜に/〜から (남에게)
나 · 남	받다	남

14 ①

1) 옛날에는 소리가 좋은 새를 <u>울게(지저귀게)</u> 해서 즐긴 것
　같다.
2) 산에서는 바로 근처에서 새가 좋은 소리로 <u>우는 것</u>을 즐
　긴다.

어휘충전 むかし 옛날　声(こえ) 목소리　鳥(とり) 새　なく 울다
　　　山(やま) 산　近(ちか)く 근처　たのしむ 즐기다

독해의 지배법 사역의 문장 구조는 7번에서 설명했다. 1)번의 사역은 역할,
　　임무제공 용법인데, 그 예는 다음과 같다.
　　例 先生はせいとにべんきょうさせた。
　　　　선생님은 학생에게 공부를 시켰다.
　　　　母は子どもをこうえんであそばせた。
　　　　어머니는 아이를 공원에서 놀게 했습니다.
　　　　せんぱいは山田さんに本を読ませました。
　　　　선배는 후배에게 책을 읽게 했다.

15 ①

1) 나는 매일 이를 닦고 있습니다.
2) 나도 일본에 가게 됩니다.

어휘충전 毎日(まいにち) 매일　は 이　みがく 닦다
　　　日本(にほん) 일본　行(い)く 가다

독해의 지배법 「동사 현재형+ことにする」와「동사 현재형+ことになる」의
　　비교이다.
　　1) 동사 현재형+ことにする ～하기로 하다
　　例 友だちと行くことにしました。
　　　　친구와 가기로 했습니다.
　　　　かぜのため、くすりを飲むことにしました。
　　　　감기 때문에 약을 먹기로 했습니다.
　　2) 동사 현재형+ことになる ～하게 되다
　　例 山田さんのかわりに私がすることになりました。
　　　　야마다 씨 대신에 내가 하게 되었습니다.
　　　　彼もさんかすることになった。 그도 참가하게 되었다.

16 ②

1) 비가 내렸기 때문에 창문을 <u>닫았습니다</u>.
2) 소리를 내고 문이 <u>닫혔습니다</u>.

어휘충전 雨(あめ) 비　ふる 내리다　まど 창문　しめる 닫다
　　　音(おと)をたてる 소리를 내다　しまる 닫히다

독해의 지배법 자동사와 타동사에 대한 것이다. 구별은 1번에서 설명을 하였
　　고, N4에서 취급되는 자동사와 타동사에 대해서 알아보도록
　　하자.

자동사		타동사	
あがる	오르다	あげる	올리다
たつ	서다	たてる	세우다
あつまる	모이다	あつめる	모으다
つく	켜지다	つける	켜다
おきる	일어나다	おこす	깨우다
つづく	계속되다	つづける	계속하다
おちる	떨어지다	おとす	떨어뜨리다
とまる	멈춰지다	とめる	멈추다
かわる	바뀌다	かえる	바꾸다
なおる	고쳐지다	なおす	고치다
かかる	걸리다	かける	걸다
はじまる	시작되다	はじめる	시작하다
きまる	결정되다	きめる	결정하다
みつかる	발견되다	みつける	발견하다
こわれる	부서지다	こわす	부수다
やける	구워지다	やく	굽다
さがる	내려가다	さげる	내리다
わく	끓다	わかす	끓이다

17 ④

1) 물건이 가게에 <u>나열되다</u>.

2) 가게에 물건을 <u>나열하다</u>.

어휘총전 品物(しなもの) 물건 店(みせ) 가게
ならべる 나열하다 ならぶ 나열되다

독해의 지배법 「자동사+ている」와 「타동사+てある」는 똑같이 상태를 나타
내는 용법이며, 그 뉘앙스의 차이는 시험에 출제되지 않는다.
타동사의 수동형은 자동사가 된다.

예 まどがしまっている。창문이 닫혀 있다.
まどがしめてある。창문이 닫혀 있다.
まどがしめられている。창문이 닫혀 있다.

18 ②

1) 서두르지 않으면 회사에 <u>늦는다</u>.

2) 서두르지 않았기 때문에 어제는 회사에 <u>늦었다</u>.

어휘총전 急(いそ)ぐ 서두르다 会社(かいしゃ) 회사
おくれる 늦다 きのう 어제

독해의 지배법 시제와 관련된 문제이다. 지문에서 현재와 과거와 관련된 문
법이나 어휘가 확실히 나오므로 보기의 내용만 잘 파악하면
정답을 찾을 수 있다. 그리고 일본어에는 미래형은 없고, 현
재형이 미래형을 대신한다.

19 ②

1) 선생님은 순서대로 교과서를 학생에게 <u>읽게 합니다</u>.

2) 마지막에 선생님이 스스로 교과서를 <u>읽습니다</u>.

어휘총전 先生(せんせい) 선생님 順番(じゅんばん) 순서
せいと 학생 よむ 읽다 最後(さいご) 마지막
自分(じぶん)で <u>스스로</u>

독해의 지배법 사역 표현에 대한 것은 7번과 14번을 참고로 하자.

20 ④

1) 나의 소중한 책을 그에게 줄 생각은 없다.

2) 그의 중요한 책을 나는 <u>받을 생각은 없다</u>.

어휘총전 大事(だいじ)だ 중요하다 本(ほん) 책

독해의 지배법 수수 동사에 대해서는 6번과 13번을 참고로 하자. 그리고 「つ
もり」는 「~할 생각, ~할 작정, ~할 예정」으로 해석을 한다.
위의 지문에서 「大事」라는 단어의 의미를 알아야만, 정답에
「つもり」가 들어가는 이유를 알 수 있다.

Part 2 실전대비 집중 훈련

01 もんだい 4 단문 독해

연습문제 01

➡ p.204

문제 4 다음 글을 읽고 질문에 답하세요. 답은 1·2·3·4에서 가장 알맞은 것을 하나 고르세요.

　　오늘은 처음 연하장을 썼습니다. 연하장은 새로운 해의 인사 엽서입니다. 정월에 친구나 회사 사람 등에게 보냅니다. 우리나라에서는 이러한 습관은 없습니다. 그래서 작년까지 나는 아무 것도 하지 않았습니다. 하지만 올해는 친구인 사치코 씨에게 가르침을 받아, 친구와 회사 사람에게 썼습니다. 한자를 쓰는 것이 힘들었습니다만, 매우 재미있었습니다. 여러분에게 배달되는 것을 기대하고 있습니다. 빨리 정월이 되기를 바랍니다.

① 글의 내용과 맞는 것은 어느 것입니까?
1 이 글은 정월에 썼습니다.
2 이것을 쓴 사람은 작년에도 연하장을 썼습니다.
3 이것을 쓴 사람의 나라에서는 연하장을 쓰지 않습니다. ✔
4 이것을 쓴 사람은 사치코 씨에게 연하장 쓰는 방법을 가르쳤습니다.

어휘총정리　今日(きょう) 오늘　はじめて 처음
　　年賀状(ねんがじょう) 연하장　書(か)く 쓰다
　　新(あたら)しい 새롭다　年(とし) 해　あいさつ 인사
　　はがき 엽서　正月(しょうがつ) 정월
　　会社(かいしゃ) 회사　送(おく)る 보내다　国(くに) 나라
　　習慣(しゅうかん) 습관　きょねん 작년
　　今年(ことし) 올해　教(おし)える 가르치다
　　漢字(かんじ) 한자　たいへんだ 힘들다
　　とどく 배달되다　たのしみ 기대　早(はや)く 빨리

연습문제 02

➡ p.205

문제 4 다음 글을 읽고 질문에 답하세요. 답은 1·2·3·4에서 가장 알맞은 것을 하나 고르세요.

　　여러분, 안녕하세요. 네팔에서 온 파라타입니다. 네팔에서도 자전거를 만드는 공장에서 일했습니다. 하지만 일본에 와서, 여기에 있는 기계는 지금까지 본 적이 없습니다. 그래서 열심히 연수를 받고 싶습니다. 연수는 6개월 간의 예정입니다. 짧은 기간입니다만, 여기서 배웠던 것을 고국 사람들에게도 가르치고 싶습니다.

② 글의 내용과 맞는 것은 어느 것입니까?
1 파라타 씨의 고향에서는 일한 적이 없습니다.
2 파라타 씨의 고향에서는 이 공장에 있는 것과 같은 기계를 본 적이 없습니다. ✔
3 이 공장에서는 자동차를 만들고 있습니다.
4 파라타 씨는 오늘부터 6개월 간 열심히 일본어를 공부할 생각입니다.

어휘총정리　自転車(じてんしゃ) 자전거　つくる 만들다
　　こうじょう 공장　はたらく 일하다　機械(きかい) 기계
　　一生(いっしょう)けんめい 열심히　けんしゅう 연수
　　うける 받다　～か月間(げつかん) ~개월 간
　　予定(よてい) 예정　みじかい 짧다　きかん 기간
　　ならう 배우다　おしえる 가르치다

연습문제 03

➡ p.206

문제 4 다음 글을 읽고 질문에 답하세요. 답은 1·2·3·4에서 가장 알맞은 것을 하나 고르세요.

　　오늘은 시험이 있었습니다. 하지만 선생님에게 이유를 이야기하고 도중에 교실을 나왔습니다. 시험이 어려웠기 때문이 아닙니다. 오늘의 시험을 위해서 매일 공부했기 때문에…. 내가 교실을 나왔던 것은 갑자기 배가 아파졌기 때문입니다. 매일 너무 더워서 아이스크림을 많이 먹었습니다. 오늘 아침 집에서 나오기 전에도 아이스크림을 먹었습니다. 그래서 배가 아파졌다고 생각합니다. 열심히 공부했는데 유감입니다.

③ 이 사람이 유감이라고 생각했던 것은 왜입니까?
1 선생님이 혼냈기 때문입니다.
2 오늘 아침 먹은 아이스크림이 별로 맛이 없었기 때문입니다.
3 오늘 아침은 아이스크림을 먹을 시간이 없었기 때문입니다.
4 열심히 공부했는데 시험 도중에 교실에서 나왔기 때문입니다. ✔

어휘총정리　今日(きょう) 오늘　先生(せんせい) 선생님
　　理由(りゆう) 이유　話(はな)す 이야기하다
　　とちゅう 도중　きょうしつ 교실　出(で)る 나오다
　　むずかしい 어렵다　毎日(まいにち) 매일
　　急(きゅう)に 갑자기　おなか 배　痛(いた)い 아프다
　　暑(あつ)い 덥다　けさ 오늘 아침　ざんねんだ 유감이다

→ p.207

연습문제 04

문제 4 다음 글을 읽고 질문에 답하세요. 답은 1·2·3·4에서 가장
알맞은 것을 하나 고르세요.

사람은 모두 성격이 똑같지 않습니다. 같은 부모 아래에
서 키워진 형제라도 성격이 전혀 다른 경우도 상당히 있습
니다. 대학을 졸업하고 회사에 들어가면, 여러 사람을 만납
니다. 대부분의 사람이 자신과는 성격이 다르기 때문에 고
생합니다. 그래서 회사를 그만두거나 하는 사람도 있는 것
같습니다. 하지만 그것을 참고 사람들에게 맞추려고 하면,
자신은 좋은 사람이라고 평가받아 회사에서도 인정받는다
고 합니다.

④ 글에 의하면, 어떤 사람이 회사에서 인정받습니까?
1 회사에서 열심히 일을 하는 사람
2 인간관계가 좋을 것 같은 사람 ✔
3 상사가 말하는 것을 잘 듣는 사람
4 자신의 성격을 다른 사람에게 보여주지 않는 사람

性格(せいかく) 성격　同(おな)じ 같음　おや 부모
もと 아래　そだてる 키우다　兄弟(きょうだい) 형제
ぜんぜん 전혀　ちがう 다르다　場合(ばあい) 경우
けっこう 상당히　大学(だいがく) 대학
卒業(そつぎょう) 졸업　会社(かいしゃ) 회사
入(はい)る 들어가다　出会(であ)う 만나다
ほとんど 대부분　苦労(くろう) 고생　やめる 그만두다
がまんする 참다　合(あ)わせる 맞추다
評価(ひょうか) 평가　みとめる 인정하다

→ p.208

연습문제 05

문제 4 다음 글을 읽고 질문에 답하세요. 답은 1·2·3·4에서 가장
알맞은 것을 하나 고르세요.

사람이 많은 곳에서는 가급적 전화는 삼가 주세요. 대체
로 젊은 사람은 전화로 메일(문자)을 보내거나 하며 조용히
사용합니다만, 나이를 먹은 사람들은 매우 큰 목소리로 전
화하거나 합니다. 보통 요즘의 젊은이는 매너가 좋지 않다
고 말합니다만, 전화로 한정하면 그렇지도 않습니다. 전철
이나 버스 안에서는 가능한 한 다른 사람에게 폐를 끼치지
않도록 해 주세요.

⑤ 이것을 쓴 사람이 가장 말하고 싶은 것은 무엇입니까?
1 버스나 전철에서는 옆 사람과 이야기하지 않는 편이 좋다.
2 버스나 전철에서는 젊은 사람과 이야기하지 않는 편이 좋
다.
3 버스나 전철에서는 매너를 잘 지키는 사람이 됩시다. ✔
4 버스나 전철을 탈 때는 전화를 들고 가지 않는 편이 좋다.

多(おお)い 많다　なるべく 가능한 한, 가급적
電話(でんわ) 전화　えんりょする 삼가다
だいたい 대체로　若(わか)い 젊다　おくる 보내다
しずかだ 조용하다　使(つか)う 사용하다
年(とし)を とる 나이를 먹다　こえ 목소리　ふつう 보통
さいきん 최근　かぎる 한정하다
めいわくを かける 폐를 끼치다

→ p.209

연습문제 06

문제 4 다음 글을 읽고 질문에 답하세요. 답은 1·2·3·4에서 가장
알맞은 것을 하나 고르세요.

오늘 친구와 싸움을 했습니다. 매우 친한 친구였지만, 나
에게 거짓말을 했던 것입니다. 어제 오전 8시에 도서관 앞
에서 만나기로 했습니다만, 친구는 오지 않았습니다. 1시간
반 정도 기다렸지만 오지 않았습니다. 그래서 오늘 물어보
니 친구는 약속이 다음 주가 아니었냐고 말했습니다. 조금
화가 났습니다만, 어쩔 수 없다고 생각했습니다. 그런데 나
중에 다른 사람에게 들었습니다만, 친구는 늦잠을 잤다고
합니다. 나에게 정직하게 말해 주었으면 좋았을 텐데….

⑥ 이 사람이 친구와 싸운 것은 왜입니까?
1 친구가 정직하게 말해 주지 않았기 때문에 ✔
2 친구가 다른 사람과 도서관에 갔기 때문에
3 친구가 혼자서 도서관에서 공부했기 때문에
4 친구가 약속 시간에 늦게 왔기 때문에

今日(きょう) 오늘　友(とも)だち 친구
親(した)しい 친하다　うそを つく 거짓말을 하다
昨日(きのう) 어제　午前(ごぜん) 오전
図書館(としょかん) 도서관　前(まえ) 앞
会(あ)う 만나다　〜ことに する 〜하기로 하다
半(はん) 반　待(ま)つ 기다리다　聞(き)く 묻다
約束(やくそく) 약속　来週(らいしゅう) 다음 주
少(すこ)し 조금　怒(おこ)る 화내다
しかたない 어쩔 수 없다　朝(あさ)ねぼう 늦잠
正直(しょうじき) 정직

연습문제 01

→ p.210

✓정답 1 ①   2 ③   3 ②   4 ③

문제 5 다음 글을 읽고 질문에 답하세요. 답은 1·2·3·4에서 가장 알맞은 것을 하나 고르세요.

일본어는 세계적으로 봐서 특별히 어려운 말은 아닙니다. 읽기 쓰기에 대해서는, 예를 들면 영어라면 알파벳을 A에서 Z까지 기억해 버리면 읽기 쓰기는 그렇게 고생하지 않고 할 수 있게 됩니다.

일본어는 히라가나, 가타카나, 한자 등 글자를 쓰는 것이 많이 있습니다. 그 이외는 특별히 어려운 말은 없습니다만, 단지 하나, 엄청 어려운 것이 있습니다. 그것은 경어입니다. 일본인이라도 제대로 말할 수 있는 사람이 적은 경어는 외국인이라면 더욱 어렵고 두렵겠죠. 한마디로 경어라고 했지만, 많은 종류가 있습니다.

「です・ます」를 사용한 말, 자신보다 나이가 많은 사람에게 사용하는 말, 자신보다 나이가 적은 사람에게 사용하는 말 등. 또 자신과 같은 회사에서 일을 하고 있는 사람에 관한 것을 다른 사람에게 말할 때는 경어를 사용해서는 안 됩니다. 그렇지만, 자신이 부장님이나 과장님과 이야기할 때는 경어를 사용합니다. 이처럼 일본어의 경어는 어렵습니다.

일본어 중에서 경어가 어렵다고 해도 영어, 아니 어떤 외국어라도 어려운 것은 있는 것은 아닐까요?

1 글에 의하면 일본어는 어떤 말입니까?
1 세계적으로 봐도 그렇게 어렵지 않은 말이다. ✓
2 세계적으로 봐도 매우 어려워서 힘든 말이다.
3 세계에서 가장 어렵지 않은 말이다.
4 세계에서 가장 쉬운 말이다.

2 일본어에서 가장 어렵다고 생각되는 것은 무엇입니까?
1 읽기 쓰기
2 히라가나
3 경어 ✓
4 한자

3 일본어의 경어에 대해서 바른 것은 어느 것인가?
1 일본인이라면 모두 알고 있는 것이다.
2 일본인이라도 어렵다고 생각하고 있다. ✓
3 외국인은 쉽다고 생각하고 있다.
4 외국인이라면 모두 알고 있는 것이다.

4 이 사람은 외국어를 어떻게 생각하고 있습니까?
1 외국어를 더욱 쉽게 해야 한다.
2 외국어 공부는 안 하는 편이 좋다.
3 어떤 외국어라도 어려운 것은 있다. ✓
4 모든 외국어를 하나로 하는 편이 좋다.

어휘총정리 日本語(にほんご) 일본어   世界的(せかいてき) 세계적
特(とく)に 특별히   むずかしい 어렵다   ことば 말
読(よ)み書(か)き 읽기 쓰기   ～に ついて ～에 대해서
たとえば 예를 들면   英語(えいご) 영어
覚(おぼ)える 기억하다   苦労(くろう) 고생
～ように なる ～하게 되다   漢字(かんじ) 한자
字(じ) 글자   書(か)く 쓰다   以外(いがい) 이외
ただ 단지   ものすごい 굉장하다   敬語(けいご) 경어
まともに 제대로   話(はな)す 말하다
少(すく)ない 적다   外国人(がいこくじん) 외국인
もっと 더욱   こわい 두렵다, 무섭다
一言(ひとこと) 한마디   種類(しゅるい) 종류
使(つか)う 사용하다   自分(じぶん) 자신
年上(としうえ) 나이 많은 사람
年下(としした) 나이 적은 사람   など 등
同(おな)じ 같음   会社(かいしゃ) 회사   仕事(しごと) 일
ほか 다른   部長(ぶちょう) 부장   課長(かちょう) 과장
外国語(がいこくご) 외국어

연습문제 02

→ p.212

✓정답 1 ②   2 ④   3 ③   4 ③

문제 5 다음 글을 읽고 질문에 답하세요. 답은 1·2·3·4에서 가장 알맞은 것을 하나 고르세요.

최근 담배를 끊는 사람이 늘고 있습니다. 그 이유는 자신의 건강을 지키는 것입니다만, 역시 담배 가격이 올랐기 때문이겠죠. 지금까지 담배를 끊는 것에 실패했던 사람도 많은 가운데 담배 가격이 올랐기 때문에, 담배를 끊는 것에 성공했다고 하는 사람이 많아졌습니다.

그 중에서 제 주변 사람들도 담배를 끊는 것에 성공할 수 있었던 예를 몇 개 들어보면, '여기서 담배를 피워도 좋다'라고 하는 것을 없애는 것에 의해 자연스럽게 담배를 필 기회가 줄어 그 후에도 별로 고생하지 않고 끊을 수가 있었다는 케이스가 많은 것 같습니다. 예를 들면, 2개월 정도 입원을 했기 때문에 거기서 담배를 피울 수가 없어서, 병원에서 나와도 피우고 싶다고 생각하지 않게 되었다는 것으로 담배를 끊을 수 있었다는 사람도 있습니다.

이처럼 스스로 담배를 끊는 것이 불가능하다면 다른 사람에게 부탁해서라도 담배는 끊는 편이 좋지 않을까요?

1 담배를 끊는 가장 큰 이유는 무엇입니까?
1 담배 맛
2 담배 가격 ✔
3 자신의 건강
4 가족의 건강

2 이 사람의 주변 사람은 어떻게 해서 담배를 끊는 것에
   성공했습니까?
1 스스로 담배를 끊는 것에 성공했다.
2 친구에게 말을 듣고 담배를 끊는 것에 성공했다.
3 가족에게 말을 듣고 담배를 끊는 것에 성공했다.
4 담배를 필 곳이 없어져서 담배를 끊는 것에 성공했다. ✔

3 이 이야기에 의하면, 입원하면 어떻게 됩니까?
1 병원에서 담배를 끊는 방법을 가르쳐 주기 때문에 담배
   를 끊을 수 있다.
2 병원에서 담배로 죽어버리는 사람을 보고 담배를 끊을
   수 있다.
3 병원에서는 담배를 필 수 없기 때문에 담배를 끊을 수 있
   다. ✔
4 병원에는 담배를 가지고 갈 수 없기 때문에 담배를 끊을
   수 있다.

4 이 사람은 담배를 끊는 방법에 대해서 뭐라고 말하고
   있는가?
1 담배 가격이 올라가기 전에 끊는 편이 좋다.
2 담배는 끊지 않으면 가격이 올라가기 때문에 곤란하다.
3 스스로 끊을 수가 없다면 다른 사람에게 부탁해서라도
   끊어라. ✔
4 담배는 스스로 끊는 편이 가장 좋다.

어휘총정 最近(さいきん) 최근 やめる 그만두다 ふえる 늘다
         理由(りゆう) 이유 自分(じぶん) 자신
         けんこう 건강 守(まも)る 지키다 ねだん 가격
         上(あ)がる 오르다 失敗(しっぱい) 실패
         多(おお)い 많다 成功(せいこう) 성공 まわり 주변
         例(れい) 예 あげる 예를 들다 吸(す)う 피우다
         なくす 없애다 自然(しぜん)に 자연스럽게
         機会(きかい) 기회 へる 줄다 あと 뒤
         苦労(くろう) 고생 たとえば 예를 들면
         入院(にゅういん) 입원 病院(びょういん) 병원
         出(で)る 나오다 ほか 다른 お願(ねが)い 부탁

→ p.214

연습문제 03

✔정답 1 ④   2 ①   3 ③   4 ④

문제 5 다음 글을 읽고 질문에 답하세요. 답은 1·2·3·4에서 가장
         알맞은 것을 하나 고르세요.

우리들은 일을 하지 않으면 돈을 얻을 수 없기 때문에 살아 갈 수 없습니다. 왜냐하면 일을 하지 않으면 음식을 사거나 집을 빌리거나 하는 돈이 손에 넣을 수 없기 때문입니다. 그래서 사람들은 돈을 많이 받을 수 있는 회사에 들어가기 위해서 노력을 하는 것입니다.

하지만 최근에는 대학을 나와도 들어갈 수 있는 회사가 적습니다. 회사에 들어가고 싶어도 불경기여서 할 수 없는 것입니다. 그래서 일을 하고 싶어도 할 수 없는 젊은이가 늘고 있는 것입니다. 이것은 젊은이의 문제가 아니고, 국가에 문제가 있다고 생각합니다. 국가가 대학을 졸업한 사람들이 회사에 들어갈 수 있도록 해야 합니다. 회사 쪽도 똑같습니다. 지금이 힘들더라도 나중을 위해서, 많은 젊은이에게 기회를 주는 것이 회사로서의 책임이겠죠.

또 젊은이도 자신의 장래를 위해서 열심히 노력해 주기를 바랍니다. 단지 회사에 들어갈 수 없기 때문에 놀기보다 나중에 회사에 들어갔을 때 어떤 일이라도 할 수 있도록 준비해 주세요. 영어를 공부하거나 자신의 전공을 더욱 공부하거나….

일본의 미래는 지금 회사에서 일을 하고 있는 사람보다, 앞으로 회사에 들어가려고 하고 있는 사람들에 의해서 밝아지기도 하고 어두워지기도 합니다. 여러분! 열심히 해주세요.

1 우리들이 일을 하는 이유는 무엇입니까?
1 집에서 공부하기 위해서 일을 하지 않으면 안 됩니다.
2 자식을 얻기 위해서 일을 하지 않으면 안 됩니다.
3 회사에 들어가기 위해서 일을 하지 않으면 안 됩니다.
4 살아가기 위해서 일을 하지 않으면 안 됩니다. ✔

2 최근, 대학을 나온 젊은이는 어떻습니까?
1 좀처럼 회사에 들어갈 수가 없어서 큰일이다. ✔
2 바로 회사에 들어가서 일을 하고 있다.
3 어떤 회사가 좋은지 생각하고 있다.
4 회사에 들어가도 바로 그만둬 버린다.

3 젊은이가 회사에 들어갈 수 없는 이유는 뭐라고 말하
   고 있습니까?
1 사회와 젊은이의 책임이 크다.
2 젊은이와 대학의 책임이 크다.
3 국가와 회사의 책임이 크다. ✔
4 대학과 국가의 책임이 크다.

④ **젊은이는 앞으로 어떻게 해야만 합니까?**

1 회사에서 배운 것을 잊지 않도록 노력해 주기를 바란다.

2 어떤 회사가 좋은지를 생각하지 말고 바로 회사에 들어가 주기를 바란다.

3 대학에서 여러 공부를 하고 나서 회사에 들어갈 수 있도록 노력해 주기를 바란다.

4 회사에 들어갔을 때, 바로 일을 할 수 있도록 여러 가지 노력해 주기를 바란다. ✓

어휘정리 仕事(しごと) 일　得(え)る 얻다　生(い)きる 살다

なぜなら 왜냐하면　食(た)べ物(もの) 음식

買(か)う 사다　家(いえ) 집　かりる 빌리다

お金(かね) 돈　手(て)に 入(はい)る 손에 들어오다

人々(ひとびと) 사람들　会社(かいしゃ) 회사

入(はい)る 들어가다　努力(どりょく) 노력

最近(さいきん) 최근　大学(だいがく) 대학

出(で)る 나오다　少(すく)ない 적다

不景気(ふけいき) 불경기　若者(わかもの) 젊은이

増(ふ)える 늘다　問題(もんだい) 문제　国(くに) 국가

卒業(そつぎょう) 졸업　今(いま) 지금

たいへんだ 힘들다　あと 나중　機会(きかい) 기회

責任(せきにん) 책임　しょうらい 장래

いっしょうけんめい 열심히

〜て ほしい 〜해 주기를 바라다　ただ 단지

あそぶ 놀다　準備(じゅんび) 준비　英語(えいご) 영어

専門(せんもん) 전공　もっと 더욱　未来(みらい) 미래

〜に よって 〜에 의해서　明(あか)るい 밝다

がんばる 열심히 하다

연습문제 04

➜ p.216

✓정답　|1| ①　|2| ③　|3| ②　|4| ④

문제 5 다음 글을 읽고 질문에 답하세요. 답은 1·2·3·4에서 가장 알맞은 것을 하나 고르세요.

　케이스케는 고등학생입니다. 홋카이도의 작은 마을에 살고 있고, 매 주말에 자주 아버지와 함께 산에 사이클링하러 가거나 바다에 낚시하러 가거나 합니다.

　작년 여름, 케이스케는 새로운 자전거를 원했기 때문에 여름방학 동안 아르바이트를 했습니다. 매일 아침, 마을 사람들의 집에 신문을 배달해야 했습니다. 좀 피곤했지만, 그 일에 매우 만족했습니다. 한 달 정도 아르바이트를 하면 자전거를 살 수 있기 때문입니다.

　첫날, 신문사의 남자가 케이스케에게 신문을 50부 건네며, '오늘은 도와 줄게.'라고 말했습니다. 남자는 차로 케이스케

를 데리고 마을을 돌았습니다. 케이스케는 남자와 함께 사람들의 집 문 앞에 신문을 두었습니다. 다음 날부터 케이스케는 매일 오래된 자전거를 타고 갔습니다.

　케이스케는 4주간 아르바이트를 하고 2만 엔을 받았습니다. 케이스케는 그 돈으로 새로운 자전거를 샀습니다. 가을에 케이스케는 매 주말, 아버지와 함께 새로운 자전거를 타고 즐겼습니다.

① **케이스케 매 주말, 무엇을 합니까?**

1 자전거를 타고 여러 곳에 간다. ✓

2 아버지와 아르바이트를 한다.

3 학교에서 스포츠를 한다.

4 바다에 수영하러 간다.

② **케이스케는 왜 아르바이트를 했습니까?**

1 새로운 책이 필요했다.

2 아버지와 여행갈 돈이 필요했다.

3 새로운 자전거가 사고 싶었다. ✓

4 친구와 여행가고 싶었다.

③ **케이스케는 아르바이트로 무엇을 해야만 했습니까?**

1 사람들의 집을 청소한다.

2 사람들의 집에 신문을 배달한다. ✓

3 사람들의 자전거를 닦는다.

4 사람들의 자동차를 닦는다.

④ **첫날, 누가 케이스케를 도왔습니까?**

1 케이스케의 아버지

2 학교 친구

3 자전거 가게의 남자

4 신문사의 남자 ✓

어휘정리 高校生(こうこうせい) 고등학생　小(ちい)さな 작은

町(まち) 마을　住(す)む 거주하다

毎週末(まいしゅうまつ) 매 주말

お父(とう)さん 아버지　山(やま) 산　海(うみ) 바다

つり 낚시　きょねん 작년　なつ 여름

あたらしい 새롭다　じてんしゃ 자전거　ほしい 원하다

夏休(なつやす)み 여름방학　あいだ 사이 동안

毎朝(まいあさ) 매일 아침　町(まち) 마을

家(いえ) 집　新聞(しんぶん) 신문　とどける 배달하다

つかれる 피곤하다　しごと 일　まんぞく 만족

一か月(いっかげつ) 한 달　買(か)う 사다

はじめて 처음　日(ひ) 날

新聞社(しんぶんしゃ) 신문사

男(おとこ)の人(ひと) 남자　部(ぶ) 부　わたす 건네다

きょう 오늘　てつだう 돕다　車(くるま) 차
つれる 동반하다　まわる 돌다　いっしょに 함께
外(そと) 밖　おく 두다　つぎ 다음
毎日(まいにち) 매일　古(ふる)い 오래되다　のる 타다
しゅうかん 주일　万円(まんえん) 만 엔
たのしむ 즐기다

연습문제 05

→ p.218

✓**정답**　1 ①　2 ③　3 ①　4 ②

문제 5 다음 글을 읽고 질문에 답하세요. 답은 1·2·3·4에서 가장 알맞은 것을 하나 고르세요.

　지난 주 토요일, 에리카의 할머니는 자신의 집에서 파티를 했습니다. 에리카와 에리카의 어머니는 그 파티에 갔습니다.

　토요일 오전, 에리카의 할머니는 '부엌에서 도와줘, 에리카.'라고 말했습니다. 에리카는 할머니와 함께 파티에서 먹을 샌드위치를 만들었습니다. 그리고 나서 차를 끓이고, 손님이 오는 것을 기다렸습니다.

　처음에 야마모토 삼촌이 12시 15분에 도착했습니다. 다음에 다나카 숙모와 나카무라 삼촌이 12시 30분에 도착했습니다. 에리카의 사촌인 이치로와 코지도 왔습니다. 남자아이들은 축구공을 들고 왔습니다. 이치로와 코지는 배가 고팠기 때문에, 다같이 점심밥을 먹기 시작했습니다. 날씨가 좋았기 때문에 마당에서 먹었습니다.

　점심밥을 먹은 뒤, 에리카는 사촌들과 함께 축구를 했습니다. 더웠기 때문에 모두 바로 지쳤습니다. 아이들은 축구를 한 뒤에 아이스크림을 먹었습니다. 에리카는 할머니의 파티에서 즐거운 시간을 보냈습니다.

1 누가 에리카의 할머니를 도왔습니까?
1 에리카 ✓
2 야마모토 삼촌
3 다나카 숙모
4 나카무라 삼촌

2 이치로와 코지는 무엇을 들고 왔습니까?
1 차
2 점심에 먹을 샌드위치
3 축구공 ✓
4 에리카의 선물

3 모두는 어디서 점심밥을 먹었습니까?
1 마당 ✓
2 부엌
3 에리카의 방
4 거실

4 에리카와 사촌들은 축구를 한 뒤에 무엇을 했습니까?
1 차를 마셨다.
2 아이스크림을 먹었다. ✓
3 친구 집에 갔다.
4 할머니를 기다렸다.

어휘충전　せんしゅう 지난 주　土(ど)よう日(び) 토요일
おばあさん 할머니　自分(じぶん) 자신　家(いえ) 집
お母(かあ)さん 어머니　行(い)く 가다
午前(ごぜん) 오전　だいどころ 부엌
手伝(てつだ)い 도움　いっしょに 함께　つくる 만들다
お茶(ちゃ)を 入(い)れる 차를 끓이다
お客(きゃく) 손님　待(ま)つ 기다리다　さいしょ 처음
おじさん 아저씨　つく 도착하다　持(も)つ 들다, 가지다
お腹(なか)が すく 배가 고프다　ひるごはん 점심밥
天気(てんき) 날씨　にわ 정원, 마당　あつい 덥다
つかれる 피곤하다, 지치다　あとで 뒤에
たのしい 즐겁다　時間(じかん) 시간　すごす 보내다

⑬ もんだい 6 정보 검색

연습문제 01

→ p.220

✓**정답**　1 ③　2 ①

문제 6 오른쪽 페이지의 주말 교통편 무제한 표의 광고를 보고, 질문에 답하세요. 답은 1·2·3·4에서 가장 알맞은 것을 하나 고르세요.

1 야마다 씨는 이 표를 사서 놀러갈 예정입니다. 언제 이용할 수 있습니까?
1 8월 27일
2 8월 30일
3 12월 11일 ✓
4 12월 17일

정답찾기　이용일은 8월 28일부터 12월 19일이다. 보기에 제시된 날짜 중에 연속하는 주말은 12월 11일 뿐이다.

2 야마다 씨 부부와 3살인 아들, 초등학교 2학년인 딸이 이용하는 경우, 요금은 얼마입니까?

1 <u>21000엔</u> ✔
2 22000엔
3 30000엔
4 30100엔

정답찾기 ➤ 부부는 어른 두 사람의 요금이므로 20,000엔이고 3살의 아들
은 초등학교에 들어가지 않았으므로 무료, 2학년의 딸은 어린
이 요금 1,000엔이므로, 합쳐서 21,000엔이 된다.

> 어린이 요금은 1,000엔! 가족 여행도 훨씬 이득!
> 매우 ★ 싸요.
> 주말 교통편 무제한 표
>
> JR큐슈의 「보통열차 · 특급열차 · 신칸센의 자유석」이
> 주말 이틀간 교통편 무제한
> 이용일 : 8/28(토) ▶ 12/19(일)중에서 연속하는
>   주말 이틀 간
> 발매기간 : 8/20(금) ▶ 12/17(금)
> 가격   : 어른 10,000엔 · 어린이 1,000엔
>   초등학교에 들어가기 전의 아이는 무료

어휘총정리 土日(どにち) 주말   乗(の)る 타다
동사ます형+ほうだい 마음대로 ~함
広告(こうこく) 광고   子(こ)ども 아이
料金(りょうきん) 요금   家族(かぞく) 가족
旅行(りょこう) 여행   たいへん 매우   おトク 득이 됨
安(やす)い 싸다   きっぷ 표   ふつう 보통
列車(れっしゃ) 열차   特急(とっきゅう) 특급
新幹線(しんかんせん) 신칸센
自由席(じゆうせき) 자유석   2日間(ふつかかん) 이틀 간
利用日(りようび) 이용일   連続(れんぞく) 연속
発売(はつばい) 발매   期間(きかん) 기간
値段(ねだん) 가격   おとな 어른
小学校(しょうがっこう) 초등학교
入(はい)る 들어가다   無料(むりょう) 무료

연습문제 02

➤ p.222

✔정답   1 ④   2 ①

문제 6 오른쪽 페이지의 쓰레기 수거일의 알림을 보고 질문에 답하
세요. 답은 1 · 2 · 3 · 4에서 가장 알맞은 것을 하나 고르세요.

1 잡지는 언제 버릴 수 있습니까?
1 토요일
2 목요일
3 화요일
4 <u>월요일</u> ✔

정답찾기 ➤ 잡지는 종이 종류에 들어가며, 가연성 쓰레기이다.

2 텔레비전 등의 전기제품은 언제 버릴 수 있습니까?
1 <u>토요일</u> ✔
2 목요일
3 화요일
4 월요일

정답찾기 ➤ 텔레비전 등의 전기제품은 대형쓰레기인데, 일본에서는 「粗
大(そだい)ゴミ」라고 표현하는 것을 알아두자. 대형 쓰레기
종류이므로 토요일에 버릴 수 있다.

> 쓰레기 수거일의 알림
> 여러분! 쓰레기를 분리해서 버려주세요!
>
> | 가연성 쓰레기 | 재활용 | 불연성 쓰레기 | 그 외 |
> | --- | --- | --- | --- |
> | 월 · 금 | 수 | 화 · 목 | 토 |
>
> 가연성 쓰레기 : 신문 · 책 · 종이류 등
> 불연성 쓰레기 : 병 · 캔 등
> 재활용   : 페트병 등
> 그 외   : 옷장 · 소파 등의 대형 쓰레기
> * 쓰레기는 정해진 장소에 부탁합니다.
> * 요일을 틀리게 버린 경우는 수거해 가지 않으므로
>   주의해 주세요.
> * 상세한 것은 구청의 시민과로 (092)817-1465

어휘총정리 収集日(しゅうしゅうび) 수거일   おしらせ 알림
分別(ぶんべつ) 분별, 분리   捨(す)てる 버리다
もえる 타다   リサイクル 재활용   そのほか 그 외
決(き)める 정하다   新聞(しんぶん) 신문   本(ほん) 책
紙類(かみるい) 종이 종류   ビン 병   カン 캔
たんす 옷장   ようび 요일   まちがえる 틀리다
場合(ばあい) 경우   もつ 들다, 가지다
注意(ちゅうい) 주의   くわしい 상세하다
区役所(くやくしょ) 구청   市民課(しみんか) 시민과

✓정답　1 ②　　2 ③

문제 6 오른쪽 페이지의 구인광고를 보고 질문에 답하세요. 답은
1·2·3·4에서 가장 알맞은 것을 하나 고르세요.

1 올해 고등학교를 졸업한 우노 씨가 들어갈 수 있는 회
사와 그 응모방법은 무엇입니까?
1 야마토 상사에 서류를 들고 회사로 간다.
2 도쿄 건설에 서류를 들고 회사로 간다. ✓
3 일본 공업에 서류를 이메일로 보낸다.
4 사쿠라 은행에 서류를 이메일로 보낸다.

정답찾기 ➦ 조건을 살펴보면, 올해 고등학교를 졸업하였으므로 직장 경
험은 없다. 고졸로서 가능한 곳은 도쿄건설과 야마토 상사인
데, 야마토 상사는 경험을 2년 이상 요구하고 있으므로, 도쿄
건설에만 지원할 수 있다.

2 스기모토 씨는 5년 간 근무했던 지금의 회사를 그만두
고, 다른 회사로 옮기려고 하고 있습니다. 대학은 나오
지 않았지만, 자신의 경험을 인정해 주는 회사에 들어
가고 싶습니다. 어디에 응모할 수 있습니까?
1 도쿄 건설
2 일본 공업
3 야마토 상사 ✓
4 사쿠라 은행

정답찾기 ➦ 스기모토 씨의 조건은 경험이 있고 고졸이다. 경험자를 요구
하는 곳은 일본 공업과 야마토 상사이다. 이 중, 고졸이라도
상관이 없는 곳은 야마토 상사이다.

도쿄 건설

자격 : 고졸·대졸(경험 없어도 됨)
연령 : 45세까지
급료 : 월25만 엔부터~
휴일 : 일요일·경축일
응모 : 서류를 회사로 들고 와 주세요
문의 : (03) 3452-1010
담당자 : 노구치 케이스케

야마토 상사

자격 : 고졸(경험2년 이상)
연령 : 묻지 않습니다
급료 : 상담 후 결정
휴일 : 토요일·일요일·경축일
응모 : 서류를 회사로 들고 와 주세요
문의 : (03) 3274-4000
담당자 : 야마다 이치로

일본 공업

자격 : 대졸(경험3년 이상)
연령 : 45세까지
급료 : 상담 후 정한다
휴일 : 일요일·경축일
응모 : 서류를 이메일로 보내 주세요
문의 : 이메일 jun76@nhkogyo.com
담당자 : 다카하시 준

사쿠라 은행

자격 : 대졸(경험 없어도 됨)
연령 : 30세까지
급료 : 月23만 엔부터~
휴일 : 토요일·일요일·경축일
응모 : 서류를 이메일로 보내 주세요
문의 : 이메일 gen@sakura.com
담당자 : 오카다 켄

어휘총정리

求人(きゅうじん) 구인　広告(こうこく) 광고
建設(けんせつ) 건설　資格(しかく) 자격
高卒(こうそつ) 고졸　大卒(だいそつ) 대졸
経験(けいけん) 경험　年齢(ねんれい) 연령
給料(きゅうりょう) 급료　休日(きゅうじつ) 휴일
祝日(しゅくじつ) 경축일　応募(おうぼ) 응모
書類(しょるい) 서류　会社(かいしゃ) 회사
持(も)つ 들다, 가지다　問(と)い合(あ)わせ 문의
担当者(たんとうしゃ) 담당자　工業(こうぎょう) 공업
相談後(そうだんご) 상담 후　決(き)める 정하다
以上(いじょう) 이상　送(おく)る 보내다

Part 1 분석 및 대책

3. 청해워밍업

01 받아쓰기

🎧 N4-P1-09

① 숫자・날짜・요일 → p.247

다음 단어를 잘 듣고 받아 쓰세요.

1. せんごひゃくえん 1500엔
2. にじゅうまい 20장
3. じゅうじさんじっぷん 10시 30분
4. にひゃくえんとさんびゃくえん 200엔과 300엔
5. ふたつといつつ 두 개와 다섯 개
6. よんだいとはちだい 4대와 8대
7. くがつみっか 9월 3일
8. しがつはつか 4월 20일
9. じゅういちがつにじゅうごにち 11월 25일
10. ろくがつとおか 6월 10일
11. にがつむいか 2월 6일
12. にかげつかん 2개월 간
13. すいようびときんようび 수요일과 금요일
14. もくようびとにちようび 목요일과 일요일
15. しゅうまつとかようび 주말과 화요일

🎧 N4-P1-10

② ある・いる (존재・상태・진행) → p.248

다음 문장을 잘 듣고 받아 쓰세요. 남자와 여자가 한번씩 읽습니다.

1. あしたから 時間が あります。
   내일부터 시간이 있습니다.

   [어휘총정리] 時間(じかん) 시간

2. 私は 何も 持って いません。
   나는 아무 것도 가지고 있지 않습니다.

   [어휘총정리] 何(なに)も 아무것도 持(も)つ 들다, 가지다

---

3. この かばんには いろんな 物が 入って います。
   이 가방 안에는 여러 가지 물건이 들어 있습니다.

   [어휘총정리] いろんな 여러 가지 物(もの) 물건 入(はい)る 들어가다

4. 銀行は まっすぐ 行くと 左の ほうに あります。
   은행은 똑바로 가면 왼쪽에 있습니다.

   [어휘총정리] 銀行(ぎんこう) 은행 行(い)く 가다 左(ひだり) 왼쪽

5. 会社の 書類は 営業部に あります。
   회사 서류는 영업부에 있습니다.

   [어휘총정리] 会社(かいしゃ) 회사 書類(しょるい) 서류
   営業部(えいぎょうぶ) 영업부

6. つくえの 上に ノートと えんぴつが おいて あります。
   책상 위에 노트와 연필이 놓여져 있습니다.

   [어휘총정리] 上(うえ) 위 おく 놓다 타동사+て ある 상태 표현

7. まどは すこし 開けて あります。
   창문은 조금 열려 있습니다.

   [어휘총정리] まど 창문 開(あ)ける 열다 타동사+て ある 상태 표현

8. おとうとは 部屋で 一人で 勉強して います。
   남동생은 방에서 혼자서 공부하고 있습니다.

   [어휘총정리] 部屋(へや) 방 一人(ひとり) 혼자
   勉強(べんきょう) 공부

9. 運動場で 子どもたちが 走って います。
   운동장에서 아이들이 달리고 있습니다.

   [어휘총정리] 運動場(うんどうじょう) 운동장 子(こ)ども 아이
   走(はし)る 달리다

10. この 問題を 知って いる 人は だれも いませんでした。
    이 문제를 알고 있는 사람은 아무도 없었습니다.

    [어휘총정리] 問題(もんだい) 문제 知(し)る 알다

11. やさしい 問題は 後輩に 任せて います。
    쉬운 문제는 후배에게 맡기고 있습니다.

    [어휘총정리] 問題(もんだい) 문제 後輩(こうはい) 후배
    任(まか)せる 맡기다

12. 大きい 木の 下に 白い ベンチが ありました。
    큰 나무 아래에 하얀 벤치가 있었습니다.

    [어휘총정리] 大(おお)きい 크다 木(き) 나무 下(した) 밑
    白(しろ)い 하얗다

13. 知らない 人が 私の 前に 立って います。
모르는 사람이 내 앞에 서 있습니다.

> 知(し)る 알다　前(まえ) 앞　立(た)つ 서다

14. いくら 探しても なにも ありませんでした。
아무리 찾아도 아무도 없었습니다.

> いくら〜ても 아무리 〜해도　探(さが)す 찾다

15. 健康の ために 毎日 30分ぐらい 歩いて います。
건강을 위해서 매일 30분 정도 걷고 있습니다.

> 健康(けんこう) 건강　毎日(まいにち) 매일
> 歩(ある)く 걷다

🎧 N4-P1-11

③ 형용사(い형용사)·형용동사(な형용사)

➡ p.249

다음 문장을 잘 듣고 받아 쓰세요. 남자와 여자가 한번씩 읽습니다.

1. 夜遅く 赤ちゃんが 泣いたので とても うるさかった。
밤늦게 아기가 울었기 때문에 매우 시끄러웠다.

> 夜遅(よるおそ)く 밤늦게　赤(あか)ちゃん 아기
> 泣(な)く 울다　うるさい 시끄럽다

2. この 野菜を 細かく 切って ください。
이 채소를 잘게 썰어 주세요.

> 野菜(やさい) 채소　細(こま)かい 세세하다, 잘다
> 切(き)る 자르다

3. 思ったより 長く なかったのです。
생각보다 길지 않았습니다.

> 思(おも)う 생각하다　長(なが)い 길다

4. あんなに 怖い 顔を して、何か あったんですか。
그렇게 무서운 표정을 짓다니, 무슨 일이 있었습니까?

> 怖(こわ)い 무섭다　顔(かお)を する 표정을 짓다

5. 参加した 人は ほんとうに 少なかった。
참가했던 사람은 정말로 적었다.

> 参加(さんか) 참가　少(すく)ない 적다

6. 薬を 飲もうと したが、苦くて 飲めませんでした。

약을 먹으려고 했지만 써서 먹을 수 없었습니다.

> 薬(くすり)を 飲(の)む 약을 먹다
> 동사의지형+と する 〜하려고 하다　苦(にが)い 맛이 쓰다

7. 簡単な 問題だったが 間違って 恥ずかしかったんです。
간단한 문제였지만 틀려서 부끄러웠습니다.

> 簡単(かんたん)だ 간단하다　問題(もんだい) 문제
> 間違(まちが)う 틀리다　恥(は)ずかしい 부끄럽다

8. 海が 深くて 全然 泳げません。
바다가 깊어서 전혀 수영할 수 없습니다.

> 海(うみ) 바다　深(ふか)い 깊다　全然(ぜんぜん) 전혀
> 泳(およ)ぐ 수영하다

9. 今まで 見た ことの ない 珍しい ものでした。
지금까지 본 적이 없는 신기한 물건이었습니다.

> 今(いま)まで 지금까지　見(み)る 보다
> 珍(めずら)しい 신기하다

10. 友だちとの 話が 盛んに なった。
친구와의 이야기가 활발해졌다.

> 友(とも)だち 친구　話(はなし) 이야기
> 盛(さか)んだ 번성하다, 활발하다

11. ここでは 自由に 意見を 言って ください。
여기서는 자유롭게 의견을 말해 주세요.

> 自由(じゆう)だ 자유롭다　意見(いけん) 의견

12. みんな ていねいだったので 感動した。
모두 친절해서 감동했다.

> ていねいだ 정중하다, 공손하다　感動(かんどう) 감동

13. 何でも 適当に しては いけません。
뭐든지 적당히 해서는 안 됩니다.

> 何(なん)でも 뭐든지　適当(てきとう)だ 적당하다

14. 温泉まで 行く 道は 複雑だった。
온천까지 가는 길은 복잡했다.

> 温泉(おんせん) 온천　行(い)く 가다　道(みち) 길
> 複雑(ふくざつ)だ 복잡하다

15. 変な ことが 起きて 怖かった。
이상한 일이 일어나서 무서웠다.

> 変(へん)だ 이상하다　起(お)きる 일어나다
> 怖(こわ)い 무섭다

④ 부사　　　　　　　　　　　　→ p.250

다음 문장을 잘 듣고 받아 쓰세요. 남자와 여자가 한번씩 읽습니다.

1. いくら 忙しくても 電話ぐらいは できるでしょう。
아무리 바빠도 전화 정도는 가능하죠?
　🔖 いくら 아무리　忙(いそが)しい 바쁘다
　　　電話(でんわ) 전화

2. 貸した お金は 今週末までに 必ず 返して ください。
빌려 준 돈은 이번 주말까지 반드시 갚아주세요.
　🔖 貸(か)す 빌려주다　お金(かね) 돈
　　　今週末(こんしゅうまつ) 이번 주말　必(かなら)ず 반드시
　　　返(かえ)す 갚다, 돌려주다

3. まじめな 山田さんだから きっと 約束を 守ると 思うよ。
성실한 야마다 씨이니까 틀림없이 약속을 지킬 거라고 생각해.
　🔖 まじめだ 성실하다　きっと 꼭, 틀림없이
　　　約束(やくそく) 약속　守(まも)る 지키다

4. 急に 空が 暗く なって 雨が 降って きた。
갑자기 하늘이 어두워지고 비가 내렸다.
　🔖 急(きゅう)に 갑자기　空(そら) 하늘　暗(くら)い 어둡다
　　　雨(あめ)が 降(ふ)る 비가 내리다

5. これは 決して 私が した ことでは ありません。
이것은 결코 제가 한 일이 아닙니다.
　🔖 決(けっ)して 결코

6. さっきまで 晴れたのに 雨が 降って いますね。
조금 전까지 맑았는데 비가 내리는군요.
　🔖 さっき 조금 전　晴(は)れる 맑다
　　　雨(あめ)が 降(ふ)る 비가 내리다

7. どんな ことが あっても しっかり しなさい。
어떤 일이 있어도 정신차려라.
　🔖 しっかり 확실히, 분명한, 똑바른

8. 去年より ずいぶん 高く なりましたね。
작년보다 상당히 비싸졌군요.
　🔖 去年(きょねん) 작년　ずいぶん 꽤, 상당히
　　　高(たか)い 비싸다

9. 4月に なって すっかり 春に なった。
4월이 되어 완전히 봄이 되었다.
　🔖 すっかり 완전히　春(はる) 봄

10. それほど 無理は して いませんでした。
그다지 무리는 하지 않았습니다.
　🔖 それほど 그다지　無理(むり) 무리

11. そろそろ 仕事を 始めましょうか。
슬슬 일을 시작할까요?
　🔖 そろそろ 슬슬　仕事(しごと) 일　始(はじ)める 시작하다

12. みんな だいたい どう 考えて いますか。
모두 대체로 어떻게 생각하고 있습니까?
　🔖 だいたい 대체로, 대개　考(かんが)える 생각하다

13. 雪が 降ったので だいぶ 寒く なりました。
눈이 내렸기 때문에 상당히 추워졌습니다.
　🔖 雪(ゆき) 눈　降(ふ)る 내리다　だいぶ 꽤, 상당히
　　　寒(さむ)い 춥다

14. 確か 去年の 12月の ことだったと 思います。
아마 작년 12월의 일이었다고 생각합니다.
　🔖 確(たし)か 아마　去年(きょねん) 작년

15. それに ついては ちっとも 悪いとは 思いません。
그것에 대해서는 전혀 나쁘다고는 생각하지 않습니다.
　🔖 ～に ついて ～에 대해서　ちっとも 전연, 조금도
　　　悪(わる)い 나쁘다

⑤ 축약형 연습　　　　　　　　→ p.251

다음 문장을 잘 듣고 받아 쓰세요. 남자와 여자가 한번씩 읽습니다.

1. 試験が もう すぐだから あそんじゃ(あそんでは) いけません。
시험이 얼마 남지 않았으니 놀아서는 안 됩니다.
　🔖 試験(しけん) 시험　もうすぐ 이제 곧　あそぶ 놀다
　　　～では(じゃ) いけない ～해서는 안 된다

2. 私の ものを だれが 食べちゃった(食べて しまった)のか。

내 것을 누가 먹어 버렸니?

어휘풀이 食(た)べる 먹다　～て しまう ～해 버리다

3. 図書館では さわいじゃ(さわいでは) だめですよ。

도서관에서는 떠들어서는 안 됩니다.

어휘풀이 図書館(としょかん) 도서관　さわぐ 떠들다
　　　～では(じゃ) だめだ ～해서는 안 된다

4. 二人で ビールを 20本も 飲んじゃった(飲んで しまった)。

둘이서 맥주를 20병이나 마셔 버렸다.

어휘풀이 二人(ふたり) 두 사람　～も ～씩(이나)　飲(の)む 마시다
　　　～でしまう ～해 버리다

5. テストの 時は 辞書を 見ちゃ(見ては) だめですよ。

시험 볼 때는 사전을 보아서는 안 됩니다.

어휘풀이 時(とき) 때　辞書(じしょ) 사전　見(み)る 보다

6. とても 寒かったので まどを しめちゃった(しめて しまった)。

너무 추워서 창문을 닫아 버렸다.

어휘풀이 寒(さむ)い 춥다　まど 창문　しめる 닫다

7. 秘密だから ほかの 人に 言っちゃ(言っては) だめだよ。

비밀이기 때문에 다른 사람에게 말해서는 안 돼.

어휘풀이 秘密(ひみつ) 비밀　ほか 다른　言(い)う 말하다

8. 聞いては いけない 話を 聞いちゃった(聞いて しまった)。

들어서는 안 되는 이야기를 들어 버렸다.

어휘풀이 聞(き)く 듣다　話(はなし) 이야기

9. 子ども 一人で 行っちゃ(行っては) あぶないよ。

아이 혼자서 가서는 위험하다.

어휘풀이 子(こ)ども 아이　一人(ひとり) 혼자　行(い)く 가다
　　　あぶない 위험하다

10. 教室の 中では 走っちゃ(走っては) だめです。

교실 안에서는 뛰어서는 안 됩니다.

어휘풀이 教室(きょうしつ) 교실　中(なか) 안　走(はし)る 달리다

11. おさけを 飲んで うんてんしちゃった(して しまった)。

술을 마시고 운전해 버렸다.

어휘풀이 おさけ 술　飲(の)む 마시다　うんてん 운전

12. ほかの 人の 日記を 見ては(見ちゃ) いけません。

다른 사람의 일기를 봐서는 안 됩니다.

어휘풀이 ほか 다른　日記(にっき) 일기　見(み)る 보다

13. とても つかれたので 家に 帰って すぐ ねちゃった(ねて しまった)。

매우 피곤했기 때문에 집에 돌아가서 바로 자 버렸다.

어휘풀이 つかれる 피곤하다　家(いえ) 집　帰(かえ)る 돌아가다
　　　ねる 자다

14. 先生の 話を 聞いて わらっちゃ(わらっては) だめですよ。

선생님의 이야기를 듣고 웃어서는 안 됩니다.

어휘풀이 先生(せんせい) 선생님　話(はなし) 이야기
　　　聞(き)く 듣다　わらう 웃다

15. 悲しい 話を 聞いて ないちゃった(ないて しまった)。

슬픈 이야기를 듣고 울어버렸다.

어휘풀이 悲(かな)しい 슬프다　話(はなし) 이야기
　　　聞(き)く 듣다　なく 울다

Part 2 실전 대비 집중 훈련

01 問題 1 과제 이해

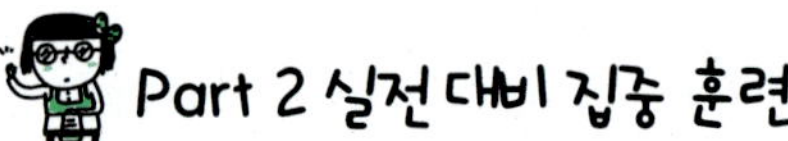

연습 문제　　　→ p.254

✓정답
| 1 ② | 2 ④ | 3 ③ | 4 ② | 5 ① |
| 6 ② | 7 ② | 8 ③ | | |

N4-P2-01

1番　会社で 男の 人と 女の 人が 話しています。女の 人は これから 何を しますか。

M：村上さん、サクラ商事の宇野さんに電話してくれましたか?

F：はい。電話しましたが、宇野さんは会議中でした。
ですから、後でまたかけます。

M：うーん…。じゃ、内容をサクラ商事にFAXで送
ってください。

F：はい。では、電話はしなくてもいいですか。

M：電話は私がしますから、大丈夫です。もし、宇野
さんから電話がきたら、私を呼んでください。

🔊 女の人はこれから何をしますか。

회사에서 남자와 여자가 이야기하고 있습니다. 여자는 앞으로
무엇을 합니까?

M：무라카미 씨, 사쿠라 상사의 우노 씨에게 전화해 주었습
니까?

F：예. 전화했습니다만, 우노 씨는 회의 중이었습니다. 그
래서 나중에 또 걸겠습니다.

M：흠…. 그럼 내용을 사쿠라 상사에게 팩스로 보내주세요.

F：예. 그럼 전화는 하지 않아도 됩니까?

M：전화는 내가 할 테니 괜찮습니다. 만일, 우노 씨로부터
전화가 오면 저를 불러 주세요.

🔊 여자는 앞으로 무엇을 합니까?

1 사쿠라 상사에 전화한다.

2 사쿠라 상사에 팩스를 보낸다. ✓

3 우노 씨로부터의 전화를 기다린다.

4 우노 씨로부터의 팩스를 기다린다.

> 会社(かいしゃ) 회사　商事(しょうじ) 상사
> 電話(でんわ) 전화　会議中(かいぎちゅう) 회의 중
> 後(あと)で 나중에　かける 걸다　内容(ないよう) 내용
> 送(おく)る 보내다　大丈夫(だいじょうぶ)だ 문제없다
> 呼(よ)ぶ 부르다

🎧 N4-P2-02

2番　友だち二人が話しています。男の人はどんな
辞書を買いますか。

F：山田さん、ひさしぶり。どうしたの?

M：あ、木村さん。いやあ、フランス語の辞書を買お
うと思ったんだけど、こんなにたくさんあるから、
どれを買おうか考えていたんだ。

F：そうね。この店はたくさんの本がおいてあるから

ね。この辞書はどう? 安くていいんじゃない?

M：う〜ん。安いのはいいんだけど、薄いから、言葉
がたくさん載っていないんじゃないかなあ。

F：じゃ、この厚いのは?

M：それは重いから、学校に持っていくのが大変でしょ。

F：むずかしいわねえ…。そうだ。電子辞書にすれば
いいんじゃない?

M：あ、そうか。でも、高いんじゃないかなあ。

F：コドバシ電気なら、けっこう安いわよ。

M：よし。じゃ、それを買おう。

🔊 男の人はどんな辞書を買いますか。

친구 두 사람이 이야기하고 있습니다. 남자는 어떤 사전을 삽니까?

F：야마다 씨, 오랜만이야. 어떻게 된 거야?

M：아, 기무라 씨. 아니, 프랑스어 사전을 사려고 생각했는
데 이렇게 많이 있어서 어느 것을 살까 생각하고 있었어.

F：맞아. 이 가게는 많은 책이 있으니까. 이 사전은 어때?
싸고 좋지 않아?

M：흠, 싼 것은 좋은데, 얇기 때문에 단어가 많이 실려 있지
않은 것은 아닐까?

F：그럼, 이 두꺼운 것은?

M：그것은 무거우니까, 학교에 가지고 가는 것이 힘들 거야.

F：어렵군…. 맞아. 전자사전으로 하면 좋잖아?

M：아, 그래? 하지만 비싸지 않을까?

F：코도바시 전기라면, 상당히 싸.

M：좋아. 그럼 그것을 사자.

🔊 남자는 어떤 사전을 삽니까?

1 얇고 가벼운 사전

2 두껍고 단어가 많이 실려 있는 사전

3 가능한 한 싼 사전

4 전자사전 ✓

> 〜語(ご) 〜어　辞書(じしょ) 사전　買(か)う 사다
> 考(かんが)える 생각하다　店(みせ) 가게　おく 두다
> 安(やす)い 싸다　薄(うす)い 얇다
> 言葉(ことば) 말, 단어　載(の)る 싣다
> 厚(あつ)い 두껍다　重(おも)い 무겁다
> 持(も)つ 들다, 가지다　大変(たいへん)だ 힘들다
> 高(たか)い 비싸다　電気(でんき) 전기
> けっこう 상당히

3番　男の人と女の人が電話で話しています。男の
　　　人はこれからどうしますか。

F：はい、日本物産でございます。

M：私、サクラ商事の杉本と申しますが、野口部長
　　はいらっしゃいますでしょうか。

F：いつもお世話になっております。申し訳ございませ
　　んが、野口はあいにく外出しております。3時に
　　会社に戻る予定ですので、こちらからお電話させ
　　ていただいてもよろしいですか。

M：あ、すみません。私も外におりますので、3時頃
　　こちらからまたお電話いたします。

F：そうですか。申し訳ございません。

🔊 男の人はこれからどうしますか。

남자와 여자가 전화로 이야기하고 있습니다. 남자는 앞으로 어
떻게 합니까?

F：예. 일본 물산입니다.

M：저는 사쿠라 상사의 스기모토라고 합니다. 노구치 부장
　　님은 계십니까?

F：항상 신세지고 있습니다. 죄송합니다만, 노구치 부장님
　　은 공교롭게도 외출했습니다. 3시에 회사로 돌아올 예정
　　이니, 이쪽에서 전화를 해도 괜찮겠습니까?

M：아, 죄송합니다. 저도 밖에 있으니까, 3시경에 제가 또
　　전화 드리겠습니다.

F：그렇습니까? 죄송합니다.

🔊 남자는 앞으로 어떻게 합니까?

1 회사에 가서 전화를 기다린다

2 지금 바로 전화를 한다

3 한번 더 전화를 한다 ✓

3 3시에 여자 회사로 간다

物産(ぶっさん) 물산
　　～でございます 「～です(입니다)」의 정중한 표현
　　商事(しょうじ) 상사
　　申(もう)す 「言う(말하다)」의 겸양어
　　部長(ぶちょう) 부장
　　いらっしゃる 「いる(있다)」의 존경어
　　お世話(せわ)に なる 신세지다
　　おる 「いる(있다)」의 겸양어

申(もう)し訳(わけ)ない 죄송하다　あいにく 공교롭게도
外出(がいしゅつ) 외출　会社(かいしゃ) 회사
戻(もど)る 되돌아오다　予定(よてい) 예정
동사사역형+ていただく 겸양 표현(～하겠다)
外(そと) 밖

4番　女の人がアルバイト先で店長と話しています。
　　　女の人はこれからどうしますか。

F：キムと申します。

M：私は店長の田中です。キムさんは学生ですか。

F：はい、日本語学校の学生です。

M：それじゃあ、あまり長い時間アルバイトはできませ
　　んね。

F：はい。一週間に28時間です。だめでしょうか。

M：いいえ、そんなことはないですよ。でも、土曜日と
　　日曜日は必ず来てほしいんですが、大丈夫ですか。

F：はい、大丈夫です。

M：キムさんは、前にも喫茶店でアルバイトをしたこと
　　がありますか。

F：いいえ、ありません。

M：それじゃあ、少し練習が必要ですね。あさってか
　　ら来られますか。

F：はい。来られます。ありがとうございます。

🔊 女の人はこれからどうしますか。

여자가 아르바이트하는 곳에서 점장과 이야기를 하고 있습니다.
여자는 앞으로 어떻게 합니까?

F：김이라고 합니다.

M：저는 점장인 다나카입니다. 김 씨는 학생입니까?

F：네, 일본어학교 학생입니다.

M：그럼, 너무 긴 시간 아르바이트는 할 수 없겠네요.

F：네. 일주일에 28시간입니다. 안 될까요?

M：아니요, 그렇지 않아요. 그런데 토요일과 일요일은 반드
　　시 와 줬으면 하는데, 괜찮습니까?

F：네, 괜찮습니다.

M：김 씨는 전에도 찻집에서 아르바이트를 한 적이 있습니
　　까?

F：아니요, 없습니다.

M : 그럼, 조금 연습이 필요하겠네요. 모레부터 올 수 있습
　　니까?

F : 네, 올 수 있습니다. 고맙습니다.

🔊 여자는 앞으로 어떻게 합니까?

1 바로 일을 시작한다.

2 모레 이 가게에 온다. ✓

3 이번 주 주말에 이 가게에 온다.

4 다음 주 주말에 이 가게에 온다.

店長(てんちょう) 점장
申(もう)す「言(い)う(말하다)」의 겸양어
学生(がくせい) 학생　日本語(にほんご) 일본어
学校(がっこう) 학교　長(なが)い 길다
一週間(いっしゅうかん) 일주일
土曜日(どようび) 토요일　日曜日(にちようび) 일요일
必(かなら)ず 반드시　大丈夫(だいじょうぶ)だ 문제없다
喫茶店(きっさてん) 찻집　少(すこ)し 조금
練習(れんしゅう) 연습　必要(ひつよう) 필요
あさって 모레

🎧 N4-P2-05

5番　会社で仲間二人が話しています。女の人はこ
れから何をしますか。

M : 田中さん。仕事は終わりましたか?

F : はい。終わりました。これからうちに帰ります。山
　　下さんも仕事が終わりましたか?

M : いいえ、まだです。

F : 何か手伝いましょうか?

M : ありがとうございます。でも、一人で大丈夫です。

F : そうですか。じゃ、お疲れ様でした。

🔊 女の人はこれから何をしますか。

회사에서 동료 두 사람이 이야기하고 있습니다. 여자는 앞으로
무엇을 합니까?

M : 다나카 씨. 일은 끝났습니까?

F : 예. 끝났습니다. 지금 집에 돌아갑니다. 야마시타 씨도
　　일이 끝났습니까?

M : 아뇨, 아직입니다.

F : 뭔가 도와드릴까요?

M : 고맙습니다. 하지만 혼자서 할 수 있습니다.

F : 그렇습니까? 그럼 수고하셨습니다.

🔊 여자는 앞으로 무엇을 합니까?

1 집에 돌아간다. ✓

2 일을 한다.

3 남자의 일을 돕는다.

4 남자와 식사를 한다.

会社(かいしゃ) 회사　仲間(なかま) 동료
仕事(しごと) 일　終(お)わる 끝나다
帰(かえ)る 돌아가다　手伝(てつだ)う 거들다, 돕다
大丈夫(だいじょうぶ)だ 문제없다
お疲(つか)れ様(さま) 수고하다

🎧 N4-P2-06

6番　友だち二人が話しています。男の人は今日の
夜、何をしますか。

M : ねえ、明日の授業の宿題、もうした?

F : 宿題?

M : ほら、3つの本の中から1冊選んで、読んでどう思
　　ったかを書くっていう宿題。

F : あー、あれ。書いたよ。まだ書いてないの?

M : うん。本は決めて読んだんだけど、まだ書いてな
　　いんだ。どれぐらい書けばいいんだっけ?

F : 先生は、1000字ぐらいって言ってたよ。わたしは
　　1200字ぐらい書いたけど。

M : えっ、そんなに書くんだ。じゃ、けっこう時間かか
　　るね。

F : うん、わたしは3時間ぐらいかかったかな。

M : よし。今晩、がんばらなきゃ。

🔊 男の人は今日の夜、何をしますか。

친구 두 사람이 이야기하고 있습니다. 남자는 오늘 밤, 무엇을
합니까?

M : 저기, 내일 수업 숙제 벌써 했어?

F : 숙제?

M : 있잖아, 3권의 책에서 한 권을 골라, 읽고 어떻게 생각했
　　는가를 쓰는 숙제.

F : 아, 그거. 썼어. 아직 안 썼어?

M : 응. 책은 정해서 읽었는데, 아직 안 썼어. 어느 정도 쓰
　　면 되지?

F : 선생님은 1,000자 정도라고 말했어. 나는 1,200자 정도

썼는데.

M : 뭐, 그렇게 많이 쓰는 거야? 그럼 상당히 시간이 걸리겠네.

F : 응, 나는 3시간 정도 걸렸지!

M : 좋아, 오늘밤 열심히 해야겠어.

🔊 남자는 오늘 밤, 무엇을 합니까?

1 책을 고른다.

2 책에 대해서 쓴다. ✓

3 책을 읽는다.

4 여자의 숙제를 빌리러 간다.

今日(きょう) 오늘　夜(よる) 저녁　明日(あした) 내일
授業(じゅぎょう) 수업　宿題(しゅくだい) 숙제
本(ほん) 책　中(なか) 중　冊(さつ) 권
選(えら)ぶ 선택하다　読(よ)む 읽다　書(か)く 쓰다
決(き)める 정하다　～字(じ) ～자　けっこう 상당히
かかる 걸리다　今晩(こんばん) 오늘밤
～なきゃ=～なければ ～하지 않으면

🎧 N4-P2-07

7番　男の人と女の人が話しています。最後に何を
入れますか。

F : はじめに野菜を入れてお湯をわかしてください。そ
れから、しょうゆを少し入れます。

M : 野菜といっしょですね。

F : はい。次に魚を入れます。魚が少しくろくなったら、
最後に塩を入れてください。

M : 先生、さとうは入れなくてもいいんですか。

F : あっ、すみません。さとうは塩を入れてからです。

M : はい、わかりました。

🔊 最後に何を入れますか。

남자와 여자가 이야기하고 있습니다. 마지막에 무엇을 넣습니까?

F : 제일 먼저 채소를 넣고 뜨거운 물을 끓여 주세요. 그리
고 나서 간장을 조금 넣습니다.

M : 채소와 함께 넣는군요.

F : 예, 다음에 생선을 넣습니다. 생선이 조금 검게 되면, 마
지막에 소금을 넣어 주세요.

M : 선생님, 설탕은 넣지 않아도 됩니까?

F : 앗, 죄송합니다. 설탕은 소금을 넣고 나서입니다.

M : 예, 알겠습니다.

🔊 마지막에 무엇을 넣습니까?

1 소금

2 설탕 ✓

3 채소

4 생선

入(い)れ方(かた) 넣는 방법　正(ただ)しい 바르다
はじめに (순서 상의) 처음　野菜(やさい) 채소
入(い)れる 넣다　お湯(ゆ) 뜨거운 물　わかす 끓이다
しょうゆ 간장　少(すこ)し 조금　次(つぎ) 다음
魚(さかな) 생선　くろい 검다　最後(さいご) 마지막
塩(しお) 소금　先生(せんせい) 선생님　前(まえ) 전

🎧 N4-P2-08

8番　友だち二人が話しています。男の人は土曜日
に何をしますか。

F : 鈴木君、土曜日って忙しい？

M : 夕方からアルバイトがあるけど、どうしたの？

F : 新しいアパートに引っ越す予定なの。一人じゃ大
変だから、手伝ってもらえないかな、って思って。

M : アルバイトは4時からだから、3時までなら大丈夫
だよ。友だちも2～3人連れて行くよ。

F : ありがとう！

M : でも、今のアパートは駅に近いし、隣にスーパー
があって便利なのに、どうして引っ越すの？

F : 実はそのスーパーが問題なの。24時間開いてい
るから、夜もうるさくてよく眠れないの。

M : なるほど、それは困るよね。

🔊 男の人は土曜日に何をしますか。

친구 두 사람이 이야기하고 있습니다. 남자는 토요일에 무엇을
합니까?

F : 스즈키 군, 토요일은 바빠?

M : 저녁부터 아르바이트가 있는데, 무슨 일이야?

F : 새 아파트에 이사할 예정이야. 혼자서는 힘드니까 도움
을 받을까 싶어서.

M : 아르바이트는 4시부터이니까 3시까지라면 괜찮아. 친구
도 2～3명 데리고 갈게.

F : 고마워!

M : 하지만 지금 아파트는 역에 가깝고, 근처에 슈퍼가 있어
서 편리한데 왜 이사해?

F : 실은 그 슈퍼가 문제야. 24시간 열려 있기 때문에 밤에
도 시끄러워서 잘 수가 없어.

M : 과연, 그것은 곤란하겠구나.

🔊 남자는 토요일에 무엇을 합니까?

1 3시까지 아르바이트를 한다.
2 새로운 아파트를 찾는다.
3 이사를 돕는다. ✓
4 친구와 논다.

📒 君(くん) 군　忙(いそが)しい 바쁘다
夕方(ゆうがた) 저녁　新(あたら)しい 새롭다
引(ひ)っ越(こ)す 이사하다　予定(よてい) 예정
大変(たいへん)だ 힘들다　手伝(てつだ)う 거들다
大丈夫(だいじょうぶ)だ 문제없다　連(つ)れる 동반하다
駅(えき) 역　近(ちか)い 가깝다　隣(となり) 근처
便利(べんり) 편리　実(じつ)は 실은
問題(もんだい) 문제　開(あ)く 열리다　夜(よる) 밤
眠(ねむ)る 자다　困(こま)る 곤란하다

02 問題 2 포인트 이해

연습문제

➜ p.257

✓ 정답　1 ②　2 ④　3 ③　4 ②　5 ①
　　　　6 ②　7 ③　3 ③

🎧 N4-P2-09

1番　男の人と女の人が話しています。男の人は会
社までどうやって来たと思われますか。

M : 会社へ行くために駅に行ったんです。ところが事
故で電車が止まっていましたよ。

F : それはたいへんだったんですね。それでどうしまし
たか。

M : 遅れてはいけないと思って、タクシーに乗ろうとし
たんですが、人が多くて無理だったんです。

F : それで歩いて来たんですか。

M : 会社までは遠いんですよ。みんなといっしょにほか
の乗り物に乗ったんです。

🔊 男の人は会社までどうやって来たと思われますか。

남자와 여자가 이야기하고 있습니다. 남자는 회사까지 어떻게
왔다고 생각됩니까?

M : 회사에 가기 위해 역에 갔습니다. 그런데 사고로 전철이
멈춰 있었습니다.

F : 그거 큰일이었군요. 그래서 어떻게 했습니?

M : 늦어서는 안 된다고 생각했기에 택시를 타려고 했습니다
만, 사람이 많아서 무리였습니다.

F : 걸어서 왔습니까?

M : 회사까지는 멀어요. 모두와 함께 다른 것을 탔습니다.

🔊 남자는 회사까지 어떻게 왔다고 생각됩니까까?

1 전철을 타고 왔다
2 버스를 타고 왔다 ✓
3 택시를 타고 왔다
4 걸어서 왔다

📒 会社(かいしゃ) 회사　来(く)る 오다　行(い)く 가다
駅(えき) 역　ところが 그러나　事故(じこ) 사고
電車(でんしゃ) 전철　止(と)まる 멈추다
たいへんだ 큰일이다　遅(おく)れる 늦다
乗(の)る 타다　多(おお)い 많다　無理(むり)だ 무리이다
歩(ある)く 걷다　遠(とお)い 멀다　いっしょに 함께
ほか 다른　乗(の)り物(もの) 탈 것

🎧 N4-P2-10

2番　歌手が歌う前に話しています。女の人はどん
な気持ちでこの歌を作りましたか。

F : えー、これから私が歌う歌は、去年の夏に近くの
海で作ったものです。夏の海は、人がたくさんい
て、とてもにぎやかで楽しいです。でも、秋になる
と急にさびしくなります。秋にならないで、ずっと
夏が続いたらいいなあと思いました。そんな気持
ちを歌にしました。今日はピアノをひきながら歌い
ます。それでは聞いてください。

🔊 女の人はどんな気持ちでこの歌を作りましたか。

가수가 노래를 부르기 전에 이야기하고 있습니다. 여자는 어떤
기분으로 이 노래를 만들었습니까?

F : 음, 이제부터 제가 부를 노래는 작년 여름 근처 바다에서
만든 것입니다. 여름 바다는 사람이 많고 매우 활기차서
즐겁습니다. 그렇지만 가을이 되면 갑자기 쓸쓸해집니다.

가을이 되지 않고, 계속 여름이 이어졌으면 좋겠다고 생
각했습니다. 그런 기분을 노래로 만들었습니다. 오늘은 피
아노를 치면서 노래하겠습니다. 그럼 들어주세요.

🔊 여자는 어떤 기분으로 이 노래를 만들었습니까?

1 여름은 매일 너무 즐겁다는 기분
2 빨리 조용한 가을이 되었으면 한다는 기분
3 여름은 쓸쓸하니까 겨울이 좋다는 기분
4 여름이 계속 이어졌으면 하는 기분 ✓

📗 歌手(かしゅ) 가수　歌(うた)う 노래부르다
　　気持(きも)ち 기분, 마음　作(つく)る 만들다
　　これから 앞으로, 지금부터　去年(きょねん) 작년
　　夏(なつ) 여름　近(ちか)く 근처　海(うみ) 바다
　　人(ひと) 사람　たくさん 많음　とても 매우, 굉장히
　　にぎやかだ 활기차다, 번화하다　楽(たの)しい 즐겁다
　　秋(あき) 가을　～に なる ～이 되다
　　急(きゅう)に 갑자기　さびしい 쓸쓸하다, 외롭다
　　～く なる ～해 지다　ずっと 계속, 쭉
　　続(つづ)く 이어지다, 계속되다　そんな 그런
　　～に する ～로 하다　ピアノを ひく 피아노를 치다

🎧 **N4-P2-11**

3番　店で男の人と店員が話しています。男の人が
　　今日お店に来たのはどうしてですか。

M：あのう、このズボン、きのう買ったんですが、家に
　　帰ってはいてみたら、きつくて…。
F：きのうは試着されましたか。
M：いいえ。サイズの表示を見てちょうどいいかなと
　　思ったので。すみませんが、もう少し大きいサイズ
　　にかえてもらえませんか。
F：かしこまりました。ご用意いたします。お客さま、
　　きのうのレシートはお持ちですか。
M：はい、持ってます。
F：失礼ですが、見せていただいてもよろしいですか。
M：あ、はい。これです。

🔊 男の人が今日お店に来たのはどうしてですか。

가게에서 남자와 여자가 점원이 있습니다. 남자가 오늘 가게에
온 것은 왜입니까?

M：저, 이 바지 어제 샀습니다만, 집에 돌아와서 입어 보았

더니 작아서….
F：어제는 시착하셨습니까?
M：아뇨. 사이즈의 표시를 보고 딱 좋겠다고 생각해서. 죄
　　송합니다만, 좀 더 큰 사이즈로 바꿀 수 있겠습니까?
F：알겠습니다. 준비하겠습니다. 손님, 어제 산 영수증은
　　가지고 있습니까?
M：예, 들고 있습니다.
F：실례합니다만, 보여주셔도 되겠습니까?
M：아, 예. 이것입니다.

🔊 남자가 오늘 가게에 온 것은 왜입니까?

1 돈을 돌려 받고 싶기 때문에
2 영수증을 원하기 때문에
3 다른 바지와 바꾸고 싶기 때문에 ✓
4 바지를 시착하고 싶기 때문에

📗 店(みせ) 가게　きのう 어제　買(か)う 사다
　　帰(かえ)る 돌아오다(가다)　きつい 꼭 끼다, 빡빡하다
　　試着(しちゃく) 시착　表示(ひょうじ) 표시　ちょうど 딱
　　少(すこ)し 조금　大(おお)きい 크다　かえる 바꾸다
　　かしこまる「わかる(알다)」의 겸양어
　　用意(ようい) 준비　持(も)つ 들다, 가지다
　　失礼(しつれい) 실례　見(み)せる 보여주다

🎧 **N4-P2-12**

4番　女の人が新しいチョコレートについて話して
　　います。「チョコメ」はどんなものですか。

F：この「チョコメ」は、新しいチョコレートのお菓子
　　です。「チョコメ」は、お米のケーキにチョコレー
　　トをかけて作ります。味はあまり甘くなくて、おい
　　しいです。それに、体にもいいんです。ですから、
　　子どもも大人もみんな大好きになりますよ。そして、
　　小さく切ってありますから、ちょっとおなかが空い
　　た時にも、ちょうどいいですよ。

🔊 「チョコメ」はどんなものですか。

여자가 새로운 초콜릿에 대해서 이야기하고 있습니다. 「초코메」
는 어떤 것입니까?

F：이「초코메」는 새로운 초콜릿 과자입니다. 「초코메」는 쌀
　　케이크에 초콜릿을 뿌려서 만듭니다. 맛은 별로 달지는
　　않고 맛있습니다. 게다가 몸에도 좋습니다. 그래서 아이
　　도 어른도 모두 아주 좋아하게 됩니다. 그리고 작게 잘

라져 있기 때문에 약간 배가 고플 때에도 딱 좋습니다.

1 매우 단 것

2 조금 배가 고플 때 먹기에 좋다 ✔

3 맛있지만, 몸에는 별로 좋지 않다

4 초콜릿케이크에 쌀을 얹어서 만든다

新(あたら)しい 새롭다　お菓子(かし) 과자　米(こめ) 쌀
かける 뿌리다　作(つく)る 만들다　味(あじ) 맛
甘(あま)い 달다　それに 게다가　大人(おとな) 어른
大好(だいす)きだ 아주 좋아하다　小(ちい)さい 작다
切(き)る 자르다　おなかが空(す)く 배가 고프다

N4-P2-13

5番　男と人と女の人が話しています。今日は何よう日ですか。

M：君の誕生日は木よう日だったよね。

F：ううん、金よう日だわ。14日の。

M：えっ？14日は木よう日じゃないの？

F：カレンダーをよく見てよ！14日は金よう日よ、金よう日。

M：じゃあ、あさっての金よう日か？

F：うん。パーティーに来てくれるよね？

M：もちろん行くよ。

今日は何よう日ですか

남자와 여자가 이야기하고 있습니다. 오늘은 무슨 요일입니까?

M：당신 생일은 목요일이었지?

F：아냐, 금요일이야. 14일.

M：뭐? 14일은 목요일이 아니야?

F：달력 잘 봐. 14일은 금요일이야, 금요일.

M：그럼 모레 금요일이야?

F：응. 파티에 올 거지?

M：물론 가야지.

오늘은 무슨 요일입니까?

1 수요일 ✔

2 목요일

3 금요일

4 토요일

何(なん)よう日(び) 무슨 요일　誕生日(たんじょうび) 생일
木(もく)よう日(び) 목요일　金(きん)よう日(び) 금요일
見(み)る 보다　あさって 모레　来(く)る 오다
もちろん 물론　行(い)く 가다

N4-P2-14

6番　女の人がコンサートで話しています。何のコンサートですか。

F：みなさん、こんにちは。山田サチコでございます。こんなにたくさんのお客さまの前でコンサートをやるのははじめてです。いつもは二人でやりましたが、今日は一人です。うしろにいらっしゃるお客さまもよく聞こえるようにたくさんのスピーカーも置いておきました。一生けんめい吹きますのでどうぞよろしくお願いします。

何のコンサートですか。

여자가 콘서트에서 이야기하고 있습니다. 무슨 콘서트입니까?

F：여러분 안녕하세요. 야마다 사치코입니다. 이렇게 많은 손님 앞에서 콘서트를 하는 것은 처음입니다. 항상 두 사람이 했습니다만, 오늘은 혼자입니다. 뒤에 계시는 손님도 잘 들리도록 많은 스피커도 놓아두었습니다. 열심히 불 테니, 잘 부탁합니다.

무슨 콘서트입니까?

1 피아노 연주회

2 트럼펫 연주회 ✔

3 기타 연주회

4 밴드 연주회

～でございます ～입니다　お客(きゃく)さま 손님
前(まえ) 앞　はじめて (경험상의) 처음
二人(ふたり) 두 사람　今日(きょう) 오늘
一人(ひとり) 혼자　うしろ 뒤　聞(き)こえる 들리다
置(お)く 두다　一生(いっしょう)けんめい 열심히
吹(ふ)く 불다　演奏会(えんそうかい) 연주회

N4-P2-15

7番　お母さんと先生が話しています。子どもはどうして学校を休みますか。

F：もしもし、岡田先生お願いします。

M：はい。私（わたし）が岡田（おかだ）ですが。

F：あ、先生（せんせい）。いつもお世話（せわ）になっております。吉本（よしもと）カズオの母（はは）です。

M：あ、こんにちは。

F：実（じつ）はですね。今日（きょう）、カズオが宿題（しゅくだい）をとりに家（いえ）にもどりましたが、その時（とき）、事故（じこ）にあったんですよ。ちょっとかぜをひいちゃって行（い）かせないと思（おも）ったのに…。

M：ああ、大丈夫（だいじょうぶ）ですか。

F：あ、はい。けがはそんなに大（おお）きくないから、明日（あした）行（い）かせます。よろしくお願（ねが）いします。

M：はい、わかりました。おだいじに。

🔊 子（こ）どもはどうして学校（がっこう）を休（やす）みますか。

어머니와 선생님이 이야기하고 있습니다. 아이는 왜 학교를 쉽니까?

F : 여보세요, 오카다 선생님 부탁합니다.

M : 예. 제가 오카다입니다만.

F : 아, 선생님. 항상 신세를 지고 있습니다. 요시모토 카즈오의 어머니입니다.

M : 아, 안녕하세요.

F : 사실은 말입니다. 오늘 카즈오가 숙제를 가지러 집에 왔습니다만, 그 때 사고를 당했습니다. 좀 감기 들어서 안 보내려고 생각했는데….

M : 아, 괜찮습니까?

F : 아, 예, 부상은 그렇게 크지 않으니 내일 보내겠습니다. 잘 부탁합니다.

M : 예, 알겠습니다. 몸조심하세요.

🔊 아이는 왜 학교를 쉽니까?

1 감기 들었기 때문에

2 숙제를 하지 않았기 때문에

3 사고를 당했기 때문에 ✓

4 학교에 가고 싶지 않기 때문에

子(こ)ども 아이　どうして 왜　学校(がっこう) 학교
休(やす)む 쉬다　先生(せんせい) 선생님　いつも 항상
お世話(せわ)に なる 신세를 지다　母(はは) 어머니
実(じつ)は 실은　今日(きょう) 오늘
宿題(しゅくだい) 숙제　とる (두고 온 것을) 찾다
もどる 되돌아오다　事故(じこ)に あう 사고를 당하다
かぜを ひく 감기 들다

大丈夫(だいじょうぶ)だ 문제없다　けが 부상
大(おお)きい 크다　明日(あした) 내일
おだいじに 몸조심하세요

03 問題3 발화·표현

연습문제　　　　　→ p.260

✓정답　1 ①　2 ②　3 ③　4 ①　5 ②

🎧 N4-P2-16

1番

F：男(おとこ)の人(ひと)がたばこを吸(す)おうとしています。何(なん)と言(い)いますか。

M：1 すみません。ちょっと火(ひ)を貸(か)してくださいませんか。

2 すみません。ここでたばこを吸(す)ってはいけませんよ。

3 すみません。ちょっと手(て)を貸(か)してください。

F : 남자가 담배를 피우려고 하고 있습니다. 뭐라고 말합니까?

M : 1 실례합니다. 불 좀 빌려주시지 않겠습니까? ✓

2 실례합니다. 여기서 담배를 피면 안 됩니다.

3 실례합니다. 손 좀 빌려주세요.

吸(す)う 피우다　火(ひ) 불　貸(か)す 빌려주다
手(て) 손

🎧 N4-P2-17

2番

M：女(おんな)の人(ひと)が男(おとこ)の人(ひと)に道(みち)を聞(き)いています。何(なん)と言(い)いますか。

F：1 あのう、道(みち)がこんでいますね。

2 あのう、新宿(しんじゅく)へはどうやって行(い)きますか。

3 あのう、何名(なんめい)様(さま)ですか。

M : 여자가 남자에게 길을 묻고 있습니다. 뭐라고 말합니까?

F : 1 저, 길이 막히는군요.

2 저, 신주쿠에는 어떻게 갑니까? ✓

3 저, 몇 분이십니까?

어휘충전 道(みち) 길　聞(き)く 묻다　こむ 붐비다
何名様(なんめいさま) 몇 분

🎧 N4-P2-18
3番

F : 男(おとこ)の人(ひと)が電話(でんわ)を切(き)ろうとしています。何(なん)と言(い)いま
　　すか。

M : 1　それではおめでとうございます。

　　2　それではおじゃましました。

　　3　それでは失礼(しつれい)します。

F : 남자가 전화를 끊으려고 하고 있습니다. 뭐라고 말합니
　　까?

M : 1　그럼 축하합니다.

　　2　그럼 실례했습니다.

　　3　그럼 실례하겠습니다. ✔

어휘충전 電話(でんわ)を切(き)る 전화를 끊다
失礼(しつれい) 실례

🎧 N4-P2-19
4番

M : 女(おんな)の人(ひと)がレストランでいすに座(すわ)ろうとしています。
　　何(なん)と言(い)いますか。

F : 1　すみません。ここに座(すわ)ってもいいですか。

　　2　すみません。このいすは壊(こわ)れていますね。

　　3　すみません。このいすはいくらですか。

M : 여자가 레스토랑에서 의자에 앉으려고 하고 있습니다.
　　뭐라고 말합니까?

F : 1　실례합니다. 여기에 앉아도 됩니까? ✔

　　2　실례합니다. 이 의자는 부서져 있군요.

　　3　실례합니다. 이 의자는 얼마입니까?

어휘충전 座(すわ)る 앉다　壊(こわ)れる 부서지다

🎧 N4-P2-20
5番

F : 会社(かいしゃ)が終(お)わって会社(かいしゃ)を出(で)ようとしています。何(なん)と言(い)
　　いますか。

M : 1　みなさん、おはようございます。

　　2　それではお先(さき)に失礼(しつれい)します。

　　3　はい、私(わたし)に任(まか)せてください。

F : 회사가 끝나서 회사를 나가려고 하고 있습니다. 뭐라고
　　말합니까?

M : 1　여러분, 안녕하세요.

　　2　그럼 먼저 실례하겠습니다. ✔

　　3　예, 저에게 맡겨주세요.

어휘충전 会社(かいしゃ) 회사　終(お)わる 끝나다
出(で)る 나가다　お先(さき)に 먼저
失礼(しつれい) 실례　任(まか)せる 맡기다

04 問題4 즉시 응답

연습문제　　　　　　　　　　→ p.263

✔정답
1 ①	2 ②	3 ③	4 ①	5 ②
6 ②	7 ①	8 ②		

🎧 N4-P2-21
1番

M : このお菓子(かし)、もらってもいいですか。

F : 1　ええ、どうぞ。おいしいですよ。

　　2　ええ、ほんとうにおかしいですね。

　　3　いいえ、もらってください。

M : 이 과자, 받아도 좋습니까?

F : 1　예, 그렇게 하세요. 맛있습니다. ✔

　　2　예, 정말로 맛있군요.

　　3　아뇨, 받아 주세요.

어휘충전 お菓子(かし) 과자　ほんとうに 정말로

🎧 N4-P2-22
2番

F : 私(わたし)は牛肉(ぎゅうにく)しか食(た)べません。

M : 1　何(なに)か食(た)べませんか。

　　2　牛肉(ぎゅうにく)だけで大丈夫(だいじょうぶ)ですか。

　　3　肉(にく)も食(た)べたほうがいいですよ。

F : 나는 소고기밖에 먹지 않습니다.

M : 1　뭔가 먹지 않겠습니까?

　　2　소고기만으로 괜찮습니까? ✔

　　3　고기도 먹는 편이 좋습니다.

 牛肉(ぎゅうにく) 소고기　～しか ～밖에
大丈夫(だいじょうぶ)だ 문제없다

🎧 N4-P2-23
3番(ばん)

M：今、ひま？

F：1　3時(じ)だよ。

　　2　いいね。

　　3　うん、どうして？

M：지금 한가해?

F：1　3시야.

　　2　좋군.

　　3　응, 왜? ✔

 ひまだ 한가하다

🎧 N4-P2-24
4番(ばん)

F：私(わたし)の趣味(しゅみ)は映画(えいが)を見(み)ることです。

M：1　だから使(つか)ったチケットをたくさん持(も)っているんで
　　　すね。

　　2　僕(ぼく)も映画(えいが)はあまり好(す)きじゃありません。

　　3　じゃ、今度(こんど)いっしょに飲(の)みに行(い)きましょう。

F：저의 취미는 영화를 보는 것입니다.

M：1　그래서 사용했던 티켓을 많이 가지고 있는 것이군요. ✔

　　2　나도 영화는 별로 좋아하지 않습니다.

　　3　그럼, 이번에 함께 마시러 갑시다.

 趣味(しゅみ) 취미　映画(えいが) 영화
使(つか)う 사용하다　持(も)つ 들다, 가지다
僕(ぼく) 나　今度(こんど) 이번　飲(の)む 마시다

🎧 N4-P2-25
5番(ばん)

M：先生(せんせい)、字(じ)が小(ちい)さくてよく見(み)えません。

F：1　少(すこ)し見(み)えるようになりましたね。

　　2　じゃ、もう少(すこ)し大(おお)きく書(か)きますね。

　　3　ええ、見(み)やすいですね。

남：선생님, 글자가 작아서 잘 보이지 않습니다.

여：1　조금 보이게 되었군요.

　　2　그럼 조금 더 크게 쓸게요. ✔

　　3　예, 보기 편하군요.

 字(じ) 글자　小(ちい)さい 작다　見(み)える 보이다
少(すこ)し 조금　書(か)く 쓰다
동사ます형+やすい ～하기 쉽다(편하다)

🎧 N4-P2-26
6番(ばん)

F：私(わたし)が言(い)ったとおりにやってください。

M：1　すみません。何(なに)も言(い)いませんでした。

　　2　はい。がんばります。

　　3　いいえ、できることは何(なに)もありません。

F：내가 말한 대로 해 주세요.

M：1　죄송합니다. 아무 것도 말하지 않았습니다.

　　2　예. 열심히 하겠습니다. ✔

　　3　아뇨, 할 수 있는 일은 아무 것도 없습니다.

 ～とおりに ～대로　何(なに)も 아무 것도

🎧 N4-P2-27
7番(ばん)

M：一度(いちど)高橋(たかはし)さんに会(あ)ってみたいです。

F：1　では、今度(こんど)ご紹介(しょうかい)します。

　　2　先週(せんしゅう)会(あ)いました。

　　3　紹介(しょうかい)してくださいますか。

M：한번 다카하시 씨를 만나 보고 싶군요.

F：1　그럼, 다음 번에 소개하겠습니다. ✔

　　2　지난주 만났습니다.

　　3　소개해 주시겠습니까?

 一度(いちど) 한번　会(あ)う 만나다
今度(こんど) 이번, 다음 번　紹介(しょうかい) 소개
先週(せんしゅう) 지난주

🎧 N4-P2-28
8番(ばん)

F：私(わたし)は大学(だいがく)につとめています。

M：1　あ、私(わたし)も大学生(だいがくせい)です。

　　2　あ、大学(だいがく)で仕事(しごと)しているんですか。

　　3　あ、おめでとうございます。

F : 저는 대학에서 근무하고 있습니다.

M : 1 아, 저도 대학생입니다.

  2 아, 대학에서 일하고 있습니까? ✓

  3 아, 축하합니다.

어휘출전 大学(だいがく) 대학 つとめる 근무하다
  大学生(だいがくせい) 대학생 仕事(しごと) 일

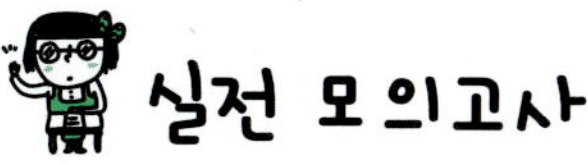

실전 모의고사

➜ p.266

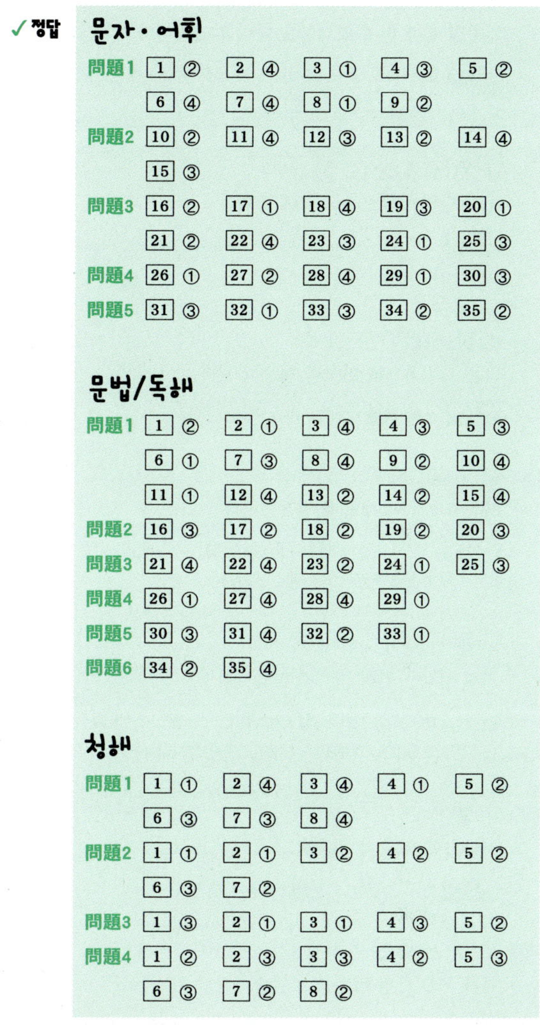

✓ **정답**

문자 · 어휘

問題1 | 1 | ② | 2 | ④ | 3 | ① | 4 | ③ | 5 | ② |
  | 6 | ④ | 7 | ④ | 8 | ① | 9 | ② |

問題2 | 10 | ② | 11 | ④ | 12 | ③ | 13 | ② | 14 | ④ |
  | 15 | ③ |

問題3 | 16 | ② | 17 | ① | 18 | ④ | 19 | ③ | 20 | ① |
  | 21 | ② | 22 | ④ | 23 | ③ | 24 | ① | 25 | ③ |

問題4 | 26 | ① | 27 | ② | 28 | ④ | 29 | ① | 30 | ③ |

問題5 | 31 | ③ | 32 | ① | 33 | ③ | 34 | ② | 35 | ② |

문법/독해

問題1 | 1 | ② | 2 | ① | 3 | ④ | 4 | ③ | 5 | ③ |
  | 6 | ① | 7 | ③ | 8 | ④ | 9 | ② | 10 | ④ |
  | 11 | ① | 12 | ④ | 13 | ② | 14 | ② | 15 | ④ |

問題2 | 16 | ③ | 17 | ② | 18 | ② | 19 | ② | 20 | ③ |

問題3 | 21 | ④ | 22 | ④ | 23 | ② | 24 | ① | 25 | ③ |

問題4 | 26 | ① | 27 | ④ | 28 | ④ | 29 | ① |

問題5 | 30 | ③ | 31 | ④ | 32 | ② | 33 | ① |

問題6 | 34 | ② | 35 | ④ |

청해

問題1 | 1 | ① | 2 | ④ | 3 | ④ | 4 | ① | 5 | ② |
  | 6 | ③ | 7 | ③ | 8 | ④ |

問題2 | 1 | ① | 2 | ① | 3 | ② | 4 | ② | 5 | ② |
  | 6 | ③ | 7 | ② |

問題3 | 1 | ③ | 2 | ① | 3 | ① | 4 | ③ | 5 | ② |

問題4 | 1 | ② | 2 | ③ | 3 | ③ | 4 | ② | 5 | ③ |
  | 6 | ③ | 7 | ② | 8 | ② |

문자 · 어휘

문제1 _____의 단어는 히라가나로 어떻게 씁니까? 1·2·3·4에서
  가장 알맞은 것을 하나 고르세요.

1 ② 家内(かない) 아내(자기 부인을 이르는 말)
  아내는 매일 식사 준비로 바쁘다.

  어휘출전 毎日(まいにち) 매일 しょくじ 식사 したく 준비
    いそがしい 바쁘다

2 ④ 旅館(りょかん) 여관
  여름 방학에 여관에서 아르바이트를 했습니다.

어휘충전 なつやすみ 여름 방학

3 ① **教室(きょうしつ)** 교실
일주일에 한 번 수영교실을 다니고 있습니다.

어휘충전 週(しゅう) 주　回(かい) 번　すいえい 수영
〜に かよう 〜을(를) 다니다

4 ③ **急行(きゅうこう)** 급행
10시 반의 급행으로 도쿄에 갔다.

어휘충전 〜時半(じはん) 〜시 반　東京(とうきょう) 도쿄
いく 가다

5 ② **計画(けいかく)** 계획
그는 계획적으로 연구를 계속해 왔다.

어휘충전 〜的(てき) 〜적　けんきゅう 연구　つづける 계속하다

6 ④ **工場(こうじょう)** 공장
자동차 공장이 새롭게 생겼습니다.

어휘충전 じどうしゃ 자동차　新(あたら)しい 새롭다
できる 없던 것이 새로 생기다

7 ④ **正(ただ)しい** 바르다
그의 생각은 전혀 바르지 않습니다.

어휘충전 かんがえ 생각　ぜんぜん 전혀　きびしい 엄격하다
さびしい 외롭다　おかしい 이상하다

8 ① **買(か)う** 사다
전람회의 표를 샀습니다.

어휘충전 てんらんかい 전람회　きっぷ 표

9 ② **止(と)める** 멈추다
차를 멈추고 먼 바다를 보았습니다.

어휘충전 車(くるま) 차　とおく 멀리, 먼　海(うみ) 바다
見(み)る 보다

문제2 ____의 단어는 어떻게 씁니까? 1·2·3·4에서 가장 알맞
은 것을 하나 고르세요.

10 ② **紙(かみ)** 종이
예쁜 종이로 영어 책을 포장했다.

어휘충전 きれいだ 예쁘다　英語(えいご) 영어　本(ほん) 책
つつむ 포장하다

11 ④ **池(いけ)** 연못
야마다 씨의 친구는 연못에서 낚시를 하고 있었다.

어휘충전 ともだち 친구　つり 낚시

12 ③ **主人(しゅじん)** 자기 남편
죄송합니다만, 남편은 지금 집에 없습니다.

어휘충전 今(いま) 지금　るす 집을 비움

13 ② **死(し)ぬ** 죽다
그가 죽은 지 5년이 되었습니다.

어휘충전 〜て(で) から 〜하고 나서, 〜한 지　〜年(ねん) 〜년

14 ④ **送(おく)る** 보내다
그 나라에 대사를 보냈다.

어휘충전 国(くに) 나라　たいし 대사

15 ③ **悪(わる)い** 나쁘다
친구의 돈을 훔친 나쁜 사람이다.

어휘충전 ともだち 친구　お金(かね) 돈　ぬすむ 훔치다

문제3 (　　)의 단어는 어떻게 읽습니까? 1·2·3·4에서 가장 알맞
은 것을 하나 고르세요.

16 ② **ひ** 날
비가 내리는 날은 헤어진 그녀가 보고 싶다.

어휘충전 雨(あめ) 비　ふる 내리다　わかれる 헤어지다
あいたい 보고 싶다　つき 달　とし 해, 년　しゅう 주

17 ① **うんてんしゅ** 운전사
버스 운전사는 갑자기 학교 앞에서 멈췄다.

어휘충전 きゅうに 갑자기　学校(がっこう) 학교　まえ 앞
とめる 멈추다, 세우다　こうむいん 공무원
かんごふ 간호사　いしゃ 의사

18 ④ **かける** 앉다
모두 의자에 앉은 채로 그의 이야기를 듣고 있었다.

어휘충전 いす 의자　동사과거형+まま 〜인(한) 채로
話(はなし) 이야기　きく 듣다　たつ 서다
すてる 버리다　もつ 들다, 가지다

19 ③ **まにあう** 시간이나 양에 맞다
12시의 비행기에 맞도록 서두릅시다.

어휘충전 〜時(じ) 〜시　ひこうき 비행기　〜ように 〜하도록
いそぐ 서두르다　かりる 빌리다　おりる 내리다
おくれる 늦다

20 ① **ぜんぜん** 전혀
그 사건에 대해서는 전혀 모른다.

어휘충전 じけん 사건　〜に ついて 〜에 대해서　知(し)る 알다
だいたい 대체로　すこし 조금　かならず 반드시

21 ② **おたく** 댁
내일 선생님 댁에 찾아뵈어도 괜찮겠습니까?

> あした 내일　先生(せんせい) 선생님
> うかがう 「たずねる(방문하다)」의 겸양어
> よろしい 「いい(좋다)」의 정중한 표현
> けんぶつ 구경　みんな 모두　いっか 일가

22 ④ **あかちゃん** 아기
다음 달 아기가 태어나서 몸을 조심하고 있다.

> らいげつ 다음 달　うまれる 태어나다　からだ 몸
> だいじだ 소중하다　おとうと 남동생　むすこ 아들
> 気(き)を つける 조심하다

23 ③ **アクセサリー** 액세서리
그녀는 항상 옷에 액세서리를 답니다.

> ふく 옷　アナウンサー 아나운서
> アルバイト 아르바이트　アルコール 알코올

24 ① **うつくしい** 아름답다
나는 밤의 아름다운 경치를 계속 보고 있었습니다.

> よる 밤　けしき 경치　ずっと 계속, 훨씬
> 見(み)る 보다　うまい 맛있다, 잘하다
> おかしい 이상하다　ただしい 바르다

25 ③ **わりあいに** 비교적
그는 피아노를 비교적 능숙하게 쳤다.

> じょうずだ 능숙하다　ひく 연주하다　やっぱり 역시
> やっと 겨우　なるべく 가능한 한

문제4 ____의 문장과 비슷한 의미의 문장이 있습니다. 1·2·3·4
에서 가장 알맞은 것을 하나 고르세요.

26 ① 여동생은 집에 없습니다 = 여동생은 외출했습니다

> いもうと 여동생　るす 집을 비우다　でかける 외출하다
> べんきょう 공부　そうじ 청소　せんたく 세탁, 빨래

27 ② 그저께는 엄청난 비였습니다(비가 엄청나게 내렸습니다). = 그저께는 비가 많이 내렸습니다.

> おととい 그저께　すごい 굉장하다　あめ 비
> あつい 뜨겁다, 두껍다, 덥다　たくさん 많이
> すこし 조금　すばらしい 엄청나다

28 ④ 가게 사람이 「알겠습니다」라고 말했습니다.
= 가게 사람은 알았습니다.

> みせ 가게　かしこまる 「わかる(알다)」의 겸양어

かう 사다　うる 팔다　かえる 돌아가다　わかる 알다

29 ① 선생님에게 「시험은 잘 봤구나」라고 들었습니다.
= 선생님에게 칭찬받았습니다.

> せんせい 선생님　しけん 시험　よく できる 잘 하다
> ほめる 칭찬하다　しかる 혼내다　みる 보다
> たのむ 부탁하다

30 ③ 일이 끝나면 식사를 합시다. = 일 후에 식사를 합시다.

> しごと 일　すむ 끝나다　しょくじ 식사
> 동사ます형+ながら ~하면서　まえ 전　あと 뒤, 후

문제5 다음 단어의 사용 방법으로 가장 알맞을 것을 1·2·3·4에서
하나 고르세요.

31 ③ **あつい** 두껍다, 뜨겁다, 덥다
1 추우니까 따뜻한 물을 한잔 주세요. → あたたかい 따뜻하다
2 식은 밥을 데워서 먹었습니다. → あたためる 데우다
3 이 책은 매우 두꺼워서 무거울 것 같군요.
4 여러분의 따뜻한 마음 씀씀이, 감사합니다.
　→ あたたかい 따뜻하다

> 寒(さむ)い 춥다　水(みず) 물　ひえる 식다
> ご飯(はん) 밥　本(ほん) 책　重(おも)い 무겁다
> 心(こころ)づかい 마음 씀씀이

32 ① **しっかり** (태도·정신·행동 등이) 분명한, (자세가) 바른
1 야마다 씨는 상당히 바른 사람입니다.
2 잘 도착했기 때문에 걱정하지 말아 주세요.
　→ ちゃんと 확실히, 제대로
3 서류를 가지고 오는 것을 깜빡 잊었다.
　→ うっかり 깜박, 무심코
4 이제 완전히 겨울이 되었습니다. → すっかり 완전히

> 着(つ)く 도착하다　心配(しんぱい) 걱정
> 書類(しょるい) 서류　持(も)つ 들다, 가지다
> 忘(わす)れる 잊다　冬(ふゆ) 겨울

33 ③ **すくない** 적다
1 돈은 조금밖에 가지고 있지 않습니다. → すこし 조금
2 자그마한 일로 화를 내는 사람이 많아졌다.
　→ こまかい 세세하다, 잘다
3 이래서는 좀 양이 적습니다.
4 부모님에게는 작은 걱정이라도 끼치지 않는 편이 좋다.
　→ ちょっとした 사소한, 작은

> 持(も)つ 들다, 가지다　怒(おこ)る 화를 내다
> 量(りょう) 양　親(おや) 부모
> 心配(しんぱい)を かける 걱정을 끼치다

34 ② **たしか** 아마
1 당신이 말하는 것은 확실히 알겠습니다. → はっきり 확실히
2 아마 회의는 3시라고 생각합니다.
3 내일 파티에 꼭 와 주세요. → ぜひ 꼭, 반드시
4 아무도 가지 않아도 저는 무조건 가겠습니다.
　　→ 絶対(ぜったい) 절대

> 어휘풀이 分(わ)かる 알다　会議(かいぎ) 회의
> 　　　　明日(あした) 내일

35 ② **やむ** 비바람 등이 그치다
1 이제 영어 공부는 그만두었습니다. → やめる 그만두다
2 비는 이미 그쳤고, 지금은 맑습니다.
3 나는 회사를 그만두고 싶지 않습니다. → やめる 그만두다
4 운동은 그만두지 말고 계속 해 주세요. → やめる 그만두다

> 어휘풀이 英語(えいご) 영어　勉強(べんきょう) 공부
> 　　　　雨(あめ) 비　はれる 맑다　会社(かいしゃ) 회사
> 　　　　運動(うんどう) 운동　つづける 계속하다

문법

문제1 (　　)에 무엇을 넣습니까? 1·2·3·4에서 가장 알맞은 것을 하나 고르세요.

1 ② **동사ます형+にくい** ~하기 어렵다
상당히 이해하기 어려운 책이군요.

> 어휘풀이 ずいぶん 상당히　わかる 알다　本(ほん) 책

2 ① **동사ます형+はじめる** ~하기 시작하다
하늘이 어두워지고 비가 내리기 시작했습니다.

> 어휘풀이 そら 하늘　くらい 어둡다　雨(あめ) 비　ふる 내리다

3 ④ **명사+だ+そうだ** ~라고 한다
빌딩이 흔들립니다. 지진이라고 합니다.

> 어휘풀이 ゆれる 흔들리다　じしん 지진

4 ③ **동사 과거형+まま** ~한 채로
남동생은 안경을 쓴 채로 자 버렸습니다.

> 어휘풀이 おとうと 남동생　めがねを かける 안경을 쓰다
> 　　　　ねる 자다　~て しまう ~해 버리다

5 ③ **それほどでもない** 그 정도는 아니다
A 수영을 잘 하시는군요.
B 아니오, 그 정도는 아닙니다.

> 어휘풀이 水泳(すいえい) 수영　上手(じょうず)だ 능숙하다
> 　　　　おつかれさまでした 수고하셨습니다

みなさんに よろしく 여러분에게 안부 전해주세요
どういたしまして 천만에요

6 ① **~て もらう** 다른 사람에게 ~해 받다
A 누구와 병원에 갑니까?
B 친구가 데려다 줍니다.

> 어휘풀이 びょういん 병원　友(とも)だち 친구
> 　　　　~か どうか ~할지 말지　つれる 동반하다

7 ③ **~で** ~으로(수단)
아버지와 전화로 이야기했습니다.

> 어휘풀이 父(ちち) 아버지　電話(でんわ) 전화
> 　　　　話(はな)す 이야기하다

8 ④ **동사ます형+に** ~하러
도서관에 빌린 책을 돌려주러 갑니다.

> 어휘풀이 としょかん 도서관　かりる 빌리다　本(ほん) 책
> 　　　　かえす 돌려주다　行(い)く 가다

9 ② **どう** 어떻게
당신은 회사에 어떻게 갑니까?

> 어휘풀이 会社(かいしゃ) 회사　行(い)く 가다　どんな 어떤
> 　　　　どれ 어느 것　どこ 어디

10 ④ **~つもり** ~할 작정, 생각
나는 내년에 일본에 공부하러 갈 생각입니다.

> 어휘풀이 来年(らいねん) 내년　べんきょう 공부　行(い)く 가다

11 ① **동사과거형+ことが ある** ~한 적이 있다.
A 일본에 간 적이 있습니까?
B 예, 3번 갔습니다.

> 어휘풀이 日本(にほん) 일본　行(い)く 가다　回(かい) 번

12 ④ **行(い)けない** 「行く(가다)」의 가능동사의 부정형
이 짐은 무거워서 들고 갈 수 없습니다.

> 어휘풀이 にもつ 짐　重(おも)い 무겁다　持(も)つ 들다, 가지다

13 ② **~ないで ください** ~하지 말아주세요
여기서는 떠들지 말아주세요.

> 어휘풀이 さわぐ 떠들다

14 ② **타동사+て ある** 상태 표현
요리에 소금은 넣어져 있습니다.

> 어휘풀이 りょうり 요리　しお 소금　いれる 넣다
> 　　　　はいる 들어가다

15 ④ 知(し)る 알다(「知る」는 부정문에서는 「현재 진행형」으로 사용할 수 없다)

모두에게 물어도 **몰랐습니다**.

어휘풀이 聞(き)く 묻다, 듣다   知(し)る 알다

문제2 ____★____ 에 들어갈 것은 어느 것이니까? 1・2・3・4에서 가장 알맞은 것을 하나 고르세요.

16 ③ 金曜日は 私が 一週間の うち で いちばん すきな 日です.

금요일은 내가 일주일 중에서 가장 좋아하는 날입니다.

어휘풀이 金(きん)よう日(び) 금요일
一週間(いっしゅうかん) 일주일   〜うち 〜중
いちばん 가장   日(ひ) 날

17 ② 私の お母さんは はやおき して 朝ごはん を 作って くれます.

우리 어머니는 일찍 일어나서, 아침밥을 만들어 줍니다.

어휘풀이 はやおきする 일찍 일어나다   朝(あさ)ごはん 아침밥
作(つく)る 만들다

18 ② おとうとは 学校で 2時間 ずつ ピアノ を ひいて います.

남동생은 학교에서 2시간씩 피아노를 치고 있습니다.

어휘풀이 学校(がっこう) 매일   〜ずつ 〜씩   ひく 연주하다

19 ② イチロー、 これら の おさらを テーブルの 上に 置いて くれない?

어머니 이치로, 여기 접시를 테이블 위에 두지 않을래?
아들　알았어, 엄마

어휘풀이 おさら 접시   上(うえ) 위   置(お)く 두다

20 ③ あなたの お兄さんは カナダで 英語の 勉強を して いるのですか.

A 당신의 형은 캐나다에서 영어를 공부하고 있습니까?
B 예. 하지만, 내일부터 휴가로 돌아옵니다.

어휘풀이 お兄(にい)さん 형, 오빠   英語(えいご) 영어
勉強(べんきょう) 공부   明日(あした) 내일
休(やす)み 휴가   戻(もど)る 돌아오다

문제3 21 에서 25 에 무엇을 넣습니까? 문장의 의미를 생각해서
1・2・3・4에서 가장 알맞은 것을 하나 고르세요.

야마다　스미스 씨, 이번 겨울방학에 21 무엇을 할 생각입니까?
스미스　지금 계획을 세우고 있는데, 홋카이도에 가려고 생각하고 있습니다.

야마다　그렇습니까? 홋카이도는 좋은 곳이에요. 음식도 맛있고, 볼 곳도 많이 있습니다. 또, 12월부터는 눈 축제도 있습니다.
스미스　그렇습니까? 홋카이도는 처음이라서 기대되는군요. 그런데, 야마다 씨는 어디에 갑니까?
야마다　나도 친구와 함께 여행갑니다. 이 여행을 위해서 4개월 아르바이트를 했습니다.
스미스　4개월 22 이나 했습니까?
야마다　예. 여행을 좋아해서, 이번에는 외국에 가려고 생각하고 있습니다. 나라는 아직 23 정하지 않았습니다.
스미스　외국입니까? 부럽군요. 흠, 만일 24 외국에 간다면 한국은 어떻습니까? 나는 한 번 간 적이 있습니다만, 모두 친절하고 요리도 맛있었습니다. 또 일본과 가깝기 때문에 25 비행기도 싸고.
야마다　그렇군요. 한국은 아직 간 적이 없기 때문에 꼭 가 보고 싶군요. 나도 스미스 씨처럼 기대됩니다.

21 1 외국에 갔습니까?　　　2 홋카이도에 갔습니까?
3 무엇을 했습니까?　　　4 무엇을 할 생각입니까? ✓

22 1 이/가　　2 에　　3 에서　　4 이나 ✓

23 1 정했습니다　　　　2 정하지 않았습니다 ✓
3 정하고 있습니다　　4 정해 둡니다

24 1 외국에 간다면 ✓　　2 외국에 가면
3 외국에 갔더니　　　4 외국에 가면

25 1 큰일이고　　　　2 불편하고
3 비행기도 싸고 ✓　　4 재밌고

어휘풀이 こんど 이번   冬休(ふゆやす)み 겨울방학   今(いま) 지금
計画(けいかく) 계획   たてる 세우다
동사의지형+と 思(おも)う 〜하려고 생각하다
食(た)べ物(もの) 음식   おいしい 맛있다   見(み)る 보다
ところ 곳   雪(ゆき)まつり 눈축제   はじめて 처음
たのしみ 기대   友(とも)だち 친구
旅行(りょこう)に 行(い)く 여행가다   〜月(がつ) 〜월
好(す)きだ 좋아하다   外国(がいこく) 외국   国(くに) 국가
決(き)める 정하다   もし 만약   〜かい 〜번
親切(しんせつ)だ 친절하다   料理(りょうり) 요리
近(ちか)い 가깝다   ひこうき 비행기   安(やす)い 싸다
ぜひ 꼭

문제4 다음 (1)에서 (4)의 글을 읽고, 질문에 답하세요. 답은 1·2·3·4에서 가장 알맞은 것을 하나 고르세요.

(1)

인간은 땅 위에서만 생활해 왔다. 그리고 땅보다 훨씬 넓은 바다는 물고기를 잡거나, 소금을 만들거나 하는 정도로 그다지 이용하지 않았다. 그러나 사람이 점점 늘어나 사는 곳은 좁아졌다. 게다가 먹을 것을 만드는 농지도 부족해져 왔다. 석유나 석탄도 언젠가 없어질 것이라고 말해지고 있다. 앞으로는 인간의 장래를 위해서 이 바다를 개발해 가지 않으면 안 된다.

26 이것을 쓴 사람이 가장 말하고 싶은 것은 어느 것입니까?

1 땅에 있는 것이 없어지기 전에 바다를 개발해 주기를 바란다. ✓
2 바다에는 많은 먹을 것이 있기 때문에 그것을 먹어주기를 바란다.
3 바다에도 땅에 있는 것과 같은 것이 있기 때문에 그것을 이용해 주기를 바란다.
4 땅의 여기저기에 있는 것을 좀 더 개발해 주기를 바란다.

어휘숙어 人間(にんげん) 인간　陸(りく) 땅, 육지　上(うえ) 위
生活(せいかつ) 생활　ずっと 훨씬　広(ひろ)い 넓다
海(うみ) 바다　魚(さかな) 생선　しお 소금
作(つく)る 만들다　利用(りよう) 이용　どんどん 점점
増(ふ)える 늘다　住(す)む 살다　せまい 좁다
それに 게다가　食(た)べ物(もの) 음식, 먹을 것
作(つく)る 만들다　農地(のうち) 농지
足(た)りない 부족하다　石油(せきゆ) 석유
石炭(せきたん) 석탄　なくなる 없어지다
将来(しょうらい) 장래　開発(かいはつ) 개발

(2)

일본에는 오래된 마을이 많이 있습니다. 교토나 나라는 매우 오래된 마을입니다만, 카마쿠라도 오래된 마을입니다.

카마쿠라는 도쿄의 남쪽 50킬로 정도 떨어진 곳에 있습니다. 마을의 북쪽과 동쪽과 서쪽에는 산이 있고, 남쪽에는 바다가 있습니다. 나무와 꽃이 많이 있고, 조용하고 예쁜 마을입니다.

지금부터 800년 정도 전에 여기서 사무라이의 정치가 시작되었습니다. 긴 세월, 일본의 경제와 정치의 중심은 서일본에 있었습니다만, 이때는 사무라이들이 강해져서 동일본에 새로운 정치의 중심이 되었습니다.

27 카마쿠라라는 마을에 대해서 바른 것은 어느 것입니까?

1 많은 산은 있지만, 바다는 없는 것 같다.
2 처음부터 일본의 경제랑 정치의 중심이었다.
3 서일본의 중심지로서 알려져 있는 곳이다.
4 사무라이들의 힘이 강해진 곳이다. ✓

어휘숙어 古(ふる)い 오래되다　町(まち) 마을　南(みなみ) 남쪽
北(きた) 북쪽　西(にし) 서쪽　山(やま) 산
海(うみ) 바다　木(き) 나무　花(はな) 꽃
しずかだ 조용하다　きれいだ 깨끗하다, 예쁘다
政治(せいじ) 정치　始(はじ)まる 시작되다
長(なが)い 間(あいだ) 오랫동안　経済(けいざい) 경제
中心(ちゅうしん) 중심　強(つよ)い 강하다
新(あたら)しい 새롭다　作(つく)る 만들다

(3)

안녕, 사치코.

학교 마지막 날 이번 주말은 크리스마스를 위한 쇼핑을 하고 싶다고 말했었지? 토요일과 일요일, 어느 쪽이 좋아? 시내나 학교 근처의 쇼핑 센터에 갈 수 있어. 여러 가게에 갈 수 있으면 좋겠다. 나는 어머니, 아버지, 그리고 조부모님의 선물을 사고 싶어. 이번 여름에 중화요릿집에서 일을 했기 때문에 돈은 충분히 있어. 그리고 여동생이 함께 가고 싶다고 하는데 괜찮을까?

그럼, 바로 답변 줘.

에리카로부터

28 에리카는 어떻게 해서 크리스마스 선물을 살 돈을 손에 넣었습니까?

1 크리스마스에 조부모로부터 돈을 받았다.
2 서점에서 아르바이트를 했다.
3 언니로부터 돈을 받았다.
4 레스토랑에서 일했다. ✓

어휘숙어 学校(がっこう) 학교　最終日(さいしゅうび) 마지막 날
今週末(こんしゅうまつ) 이번 주말
買(か)い物(もの) 쇼핑　土(ど)よう日(び) 토요일
日(にち)よう日(び) 일요일　街(まち) 시내, 거리
近(ちか)く 근처　店(みせ) 가게　母(はは) 어머니
父(ちち) 아버지　祖父母(そふぼ) 조부모　買(か)う 사다
夏(なつ) 여름
中華料理店(ちゅうかりょうりてん) 중화요릿집
働(はたら)く 일하다　お金(かね) 돈
十分(じゅうぶん) 충분　返事(へんじ) 답변
ちょうだい 줘

(4)

코지는 항상 학교에 가기 전에 쓰레기를 내놓고 있습니다. 어제 아침, 그는 까마귀가 이웃이 버린 쓰레기를 먹고 있는 것을 보았습니다. 도로의 여기저기에 음식물이나 신문지 등이 어질러져 있었습니다. 잠시동안, 코지는 쓰레기를 전부 주워서 새로운 봉투에 넣었습니다. 마을 사람 중 한 명이 그의 행동을 보고 도

와주었습니다.

29 어제 아침, 코지는 무엇을 했습니까?

1 길을 깨끗하게 했다. ✓

2 까마귀를 잡았다.

3 이웃사람들로부터 쓰레기를 수거했다.

4 이웃사람에게 쓰레기를 줍도록 부탁했다.

어휘충전 学校(がっこう) 학교　前(まえ) 전　出(だ)す 내놓다
　　　昨日(きのう) 어제　朝(あさ) 아침　カラス 까마귀
　　　となり 이웃　目(め)にする 보다　道路(どうろ) 도로
　　　食(た)べ物(もの) 음식　新聞紙(しんぶんし) 신문지
　　　散(ち)らかる 어질르다　しばらく 잠시　ひろう 줍다
　　　新(あたら)しい 새롭다　入(い)れる 넣다
　　　行動(こうどう) 행동　手伝(てつだ)う 돕다, 거들다

문제5 다음 글을 읽고 질문에 답하세요. 답은 1·2·3·4에서 가장 알맞은 것을 하나 고르세요.

(1)

　우리 가족이 지금 살고 있는 마을을 사이타마 현 근처에 있습니다. 마을의 이름은 '쵸후'입니다. 마을의 한가운데에 우리 형제가 다녔던 학교가 있고, 마을의 동쪽에 흐르고 있는 강 옆에 마을 사람들이 참배하러 가는 절이 있습니다. 절에 크고 멋있는 건물이 많이 있습니다. 우리 형제는 어릴 때, 그 건물 주변에서 자주 놀거나 했습니다.

　최근에 그 절 근처에 매우 큰 레스토랑에 생겼습니다. 그곳은 맛있는데도 매우 싸기 때문에, 우리는 주말에 항상 식사하러 갑니다. 매우 인기가 있는 레스토랑이기 때문에 먼 곳에서도 사람들이 옵니다. 그래서 항상 손님이 많이 있습니다. 사람들은 그곳의 레스토랑에서 식사를 하고나서 절을 보러 가거나 강 주변에서 놀거나 합니다.

　우리 마을은 옛날보다 사람은 많아져서, 조용하지는 않습니다. 하지만 마을이 깨끗하기 때문에 나는 '쵸후'를 아주 좋아합니다. 이 마을을 더욱 소중히 하고 싶습니다.

30 '쵸후'는 어떤 곳입니까?

1 마을의 남쪽에 강이 흐르고 있다.

2 강과 절이 많이 있다.

3 크고 멋진 건물이 있다. ✓

4 여러 학교가 있다.

31 형제는 어릴 때, 어디서 놀았습니까?

1 절 근처에 있는 학교에서

2 학교 근처에 있는 강에서

3 강 근처에 있는 학교에서

4 절에 있는 건물 근처에서 ✓

32 형제는 주말에 무엇을 합니까?

1 강 근처에 가족끼리 식사를 한다.

2 레스토랑에서 식사를 한다. ✓

3 건물 주변에서 논다.

4 건물 주변에서 식사를 한다.

33 레스토랑은 어떻습니까?

1 매우 맛있기 때문에 인기가 있다. ✓

2 근처 사람들만 식사를 하러 온다.

3 맛있지만 매우 비싸다.

4 주말이라도 사람들이 별로 없다.

어휘충전 かぞく 가족　今(いま) 지금　住(す)む 살다　むら 마을
　　　近(ちか)く 근처　名前(なまえ) 이름　まん中(なか) 한가운데
　　　きょうだい 형제　かよう 다니다　学校(がっこう) 학교
　　　東(ひがし) 동쪽　流(なが)れる 흐르다　川(かわ) 강
　　　そば 옆　お寺(てら) 절　りっぱだ 훌륭하다　たてもの 건물
　　　子(こ)ども 아이　まわり 주변　あそぶ 놀다　さいきん 최근
　　　できる 생기다　おいしい 맛있다　安(やす)い 싸다
　　　週末(しゅうまつ) 주말　食事(しょくじ) 식사
　　　人気(にんき) 인기　とおくの 먼　お客(きゃく)さん 손님
　　　昔(むかし) 옛날　多(おお)い 많다　しずかだ 조용하다
　　　きれいだ 깨끗하다　だいすきだ 아주 좋아하다
　　　大事(だいじ)だ 소중하다

문제6 다음 장난감 만들기 콘테스트의 포스터를 보고 질문에 답하세요. 답은 1·2·3·4에서 가장 알맞은 것을 하나 고르세요.

34 콘테스트에 참가하는 사람에게는 어떤 조건이 있습니까?

1 도쿄·토이·컴퍼니의 장난감을 만들어야만 한다.

2 1500엔 이하로 장난감을 만들어야만 한다. ✓

3 도쿄·토이·컴퍼니에서 일을 해야만 한다.

4 새로운 장난감 사진을 보내야만 한다.

35 가장 좋은 아이디어를 낸 사람에 대한 상은 무엇입니까?

1 도쿄로의 초대 여행

2 장난감 공장의 여름 동안의 일

3 도쿄·토이·컴퍼니가 우승자에게 무료로 장난감을 준다.

4 도쿄·토이·컴퍼니가 우승자의 장난감을 판다. ✓

장난감 콘테스트

도쿄·토이·컴퍼니가

어린이 대상 콘테스트를 개최합니다.

새로운 장난감을 만들 수 있을까?

네가 만든 장난감을 11월 10일까지 보내 줘!

규칙

❖ 16세 미만의 도쿄 거주자가 대상입니다.

❖ 장난감을 만들기 위한 돈은 1500엔 이하로 합니다.

❖ 장난감은 오리지널인 것으로 한정합니다. 다른 장난감을 흉내낸 것은 불가합니다.

상

❖ 도쿄·토이·컴퍼니가 우승자의 장난감을 제작해서 12월 1일부터 판매합니다. 우승자의 사진이 장난감 상자에 나옵니다.

❖ 제 1위, 제 2위, 제 3위 입상자를 도쿄·토이·컴퍼니에 하루 초대합니다. 장난감이 어떻게 만들어지는지 볼 수 있습니다.

어휘플러스 おもちゃ 장난감　子(こ)ども 아이　〜向(む)け 〜용, 대상
開催(かいさい) 개최　新(あたら)しい 새롭다
作(つく)る 만들다　送(おく)る 보내다　歳(さい) 세
未満(みまん) 미만　在住者(ざいじゅうしゃ) 거주자
対象(たいしょう) 대상　以下(いか) 이하
限(かぎ)る 한정하다　ほか 다른　まねる 흉내내다
不可(ふか) 불가　賞(しょう) 상
優勝者(ゆうしょうしゃ) 우승자　製作(せいさく) 제작
売(う)り出(だ)す 팔다　写真(しゃしん) 사진
箱(はこ) 상자　出(で)る 나오다　第(だい) 제
位(い) 위　入賞者(にゅうしょうしゃ) 입상자
招待(しょうたい) 초대

청해

문제1

문제1에서는 우선 질문을 들으세요. 그리고 이야기를 듣고, 문제지의 1부터 4중에서 가장 바른 답을 하나 고르세요.

🎧 N4-P3-01

1番 男の人と女の人が話しています。旅行に持っていかないものはどれですか。持っていかないものです。

F：かさとカメラと本、服…。

M：おいおい、本は要らないよ。

F：新幹線の中で読もうとしてるんだ。

M：そう？じゃ、かさはやめようよ、重いし。

F：雨が降ったらどうすんのよ？

M：あっちで買えばいいんじゃない？

F：家に何本もあるのに… わかったわよ。

🔊 旅行に持っていかないものはどれですか。

남자와 여자가 이야기하고 있습니다. 여행에 가지고 가지 않는 것은 어느 것입니까? 가지고 가지 않는 것입니다.

F：우산, 카메라, 책, 옷….

M：이봐, 책은 필요없어.

F：신칸센 안에서 읽으려고 해.

M：그래? 그럼 우산은 그만두자, 무겁고.

F：비가 내리면 어떻게 할 거야?

M：그쪽에서 사면 되잖아?

F：집에 몇 개나 있는데…. 알았어.

🔊 여행에 가지고 가지 않는 것은 어느 것입니까?

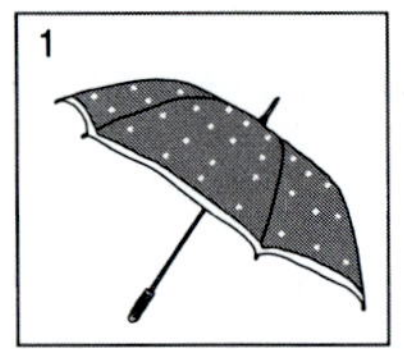

어휘플러스 旅行(りょこう) 여행　持(も)つ 들다, 가지다　かさ 우산
本(ほん) 책　服(ふく) 옷　要(い)る 필요하다
新幹線(しんかんせん) 신칸센　中(なか) 안　読(よ)む 읽다
やめる 그만두다　重(おも)い 무겁다　雨(あめ) 비
降(ふ)る 내리다　買(か)う 사다　家(いえ) 집

🎧 N4-P3-02

2番 生徒と先生が話しています。生徒と先生はこれからどうしますか。

F：先生！

M：はい、何ですか。

F：学校に来るとき、財布をなくしました。

M：財布ですか。それはいけませんね。で、交番に行きましたか。

F：いいえ、まだです。交番はどこにありますか。

M：交番は駅の前にあります。いっしょに行きましょうか。

F：はい、お願いします。

🔊 生徒と先生はこれからどうしますか。

학생과 선생님이 이야기하고 있습니다. 학생과 선생님은 앞으로 어떻게 합니까?

F : 선생님!

M : 예, 뭡니까?

F : 학교에 올 때, 지갑을 잃어버렸습니다.

M : 지갑을요? 그건 안 됐군요. 그래서 파출소에 갔습니까?

F : 아뇨, 아직입니다. 파출소는 어디에 있습니까?

M : 파출소는 역 앞에 있습니다. 함께 갈까요?

F : 예, 부탁합니다.

🔊 학생과 선생님은 앞으로 어떻게 합니까?

1 집으로 돌아간다

2 역에 간다

3 학교에 간다

4 파출소에 간다 ✓

生徒(せいと) 학생　学校(がっこう) 학교　来(く)る 오다
財布(さいふ) 지갑　なくす 잃어버리다
交番(こうばん) 파출소　駅(えき) 역　前(まえ) 앞
いっしょに 함께

N4-P3-03

3番 男の人と女の人が話しています。男の人は今何をしていますか。

M : 岡田さんのお宅ですか。

F : いいえ、違いますよ。何番におかけですか。

M : あ、これはどうもすみません。失礼しました。

🔊 男の人は今何をしていますか。

남자하고 여자가 이야기하고 있습니다. 남자는 지금 무엇을 하고 있습니까?

M : 오카다 씨 댁입니까?

F : 아뇨, 아닙니다. 몇 번 거셨습니까?

M : 아, 이것 참 대단히 미안합니다. 실례했습니다.

🔊 남자는 지금 무엇을 하고 있습니까?

1 운전하고 있다

2 공부하고 있다

3 쇼핑하고 있다

4 전화하고 있다 ✓

今(いま) 지금　お宅(たく) 댁　違(ちが)う 다르다
何番(なんばん) 몇 번　かける 걸다
お+동사ます형+です 존경 표현　運転(うんてん) 운전

勉強(べんきょう) 공부　買(か)い物(もの) 쇼핑
電話(でんわ) 전화　失礼(しつれい) 실례

N4-P3-04

4番 友だち二人が話しています。男の人はこのあと、何をすると思われますか。

F : 山田さん、授業が終わったあとに何かあるの？

M : いや、ないよ。どうして？

F : 私、来月、テニスの試合があるの。それでいっしょに練習しようかなと思って。

M : いいよ。4時に運動場で会おうよ。あ、ちょっと待って。

F : 何？

M : バイトがあるのを忘れてた。ごめんね。あしたなら大丈夫だけど。

F : いいわ。じゃ、あした同じ時間に運動場でいいわね。

M : うん。じゃ、またあした。

🔊 男の人はこのあと、何をすると思われますか。

친구 두 사람이 이야기하고 있습니다. 남자는 이후, 무엇을 할 거라고 생각됩니까?

F : 야마다 씨, 수업이 끝난 뒤에 무슨 일이 있어?

M : 아니, 없어. 왜?

F : 내가 다음 달에 테니스 시합이 있어 그래서 함께 연습하려고 생각해서.

M : 좋아. 4시에 운동장에서 만나. 아 잠시만.

F : 뭐?

M : 아르바이트가 있는 것은 잊고 있었어. 미안. 내일이라면 괜찮은데.

F : 좋아. 그럼 내일 같은 시간에 운동장에서 괜찮지?

M : 응, 그럼 내일 봐.

🔊 남자는 이후, 무엇을 할거라고 생각됩니까?

1 여자와 테니스 연습을 한다

2 혼자서 테니스 연습을 한다

3 아르바이트하러 간다 ✓

4 운동장에 간다

授業(じゅぎょう) 수업　終(お)わる 끝나다

來月(らいげつ) 다음 달　試合(しあい) 시합
いっしょに 함께　練習(れんしゅう) 연습
運動場(うんどうじょう) 운동장　会(あ)う 만나다
待(ま)つ 기다리다　忘(わす)れる 잊다
大丈夫(だいじょうぶ)だ 문제없다　同(おな)じ 같음

5番 男の人と女の人が話しています。女の人はこれ
からどうしますか。

M：山田さん！どこに行くんですか。
F：あ、野口さん。実は会社へ来る途中、財布を忘
　　れて来たのに気がついて…。
M：もう8時半ですよ。会社に遅れないんですか。
F：それはそうですが、お金を全然持ってないので帰
　　るしかないんですよ。
M：それなら、ぼくが貸しますよ。
F：あ、いいですか。ありがとうございます。

🔊 女の人はこれからどうしますか。

남자와 여자가 이야기하고 있습니다. 여자는 지금부터 어떻게
합니까?

M：야마다 씨! 어디에 갑니까?
F：아, 노구치 씨. 실은 회사에 오는 도중, 지갑을 잊고 온
　　것을 알아차려서….
M：벌써 8시 반입니다. 회사에 늦지 않습니까?
F：그건 그렇습니다만, 돈을 전혀 가지고 있지 않기 때문에
　　돌아갈 수밖에 없습니다.
M：그렇다면 제가 빌려드리겠습니다.
F：아, 괜찮겠습니까? 감사합니다.

🔊 여자는 지금부터 어떻게 합니까?
1 남자와 집에 돌아간다
2 남자에게 돈을 빌린다 ✓
3 남자에게 돈을 빌려준다
4 혼자서 집에 돌아간다

어휘풀이 實(じつ)は 실은　会社(かいしゃ) 회사
　　途中(とちゅう) 도중　財布(さいふ) 지갑
　　忘(わす)れる 잊다　気(き)がつく 알아차리다
　　遅(おく)れる 늦다　お金(かね) 돈
　　全然(ぜんぜん) 전혀　持(も)つ 들다, 가지다
　　帰(かえ)る 돌아가다　～しかない ～밖에 없다

6番 男の人と女の人が話しています。男の人はいす
をいくつ持ってきますか。

F：あら、いす、たりないわ。
M：いくつたりないの？
F：ここには七つしかないのよ。
M：何人来る？
F：全部で10人。
M：じゃ、あと三つか？
F：ちょっと待って。さっき電話があって、課長と部
　　長も来るって。
M：そっか。それじゃ、もう二つ持ってこなきゃ…。

🔊 男の人はいすをいくつ持ってきますか。

남자와 여자가 이야기를 하고 있습니다. 남자는 의자를 몇 개
가지고 옵니까?

F：어머, 의자가 부족하네.
M：몇 개 부족한데？
F：여기에는 7개밖에 없어.
M：몇 명이 와？
F：전부 10명.
M：그럼 앞으로 3개만 들고 오면 되겠군.
F：잠깐만. 조금 전에 전화가 왔는데, 과장님과 부장님도
　　온대.
M：그래？ 그럼, 두 개 더 들고 와야 하겠는데….

🔊 남자는 의자를 몇 개 가지고 옵니까?
1 3개
2 4개
3 5개 ✓
4 6개

어휘풀이 いす 의자　いくつ 몇 개　持(も)つ 들다, 가지다
　　たりない 부족하다　七(なな)つ 7개　待(ま)つ 기다리다
　　さっき 조금 전　課長(かちょう) 과장
　　部長(ぶちょう) 부장
　　～なきゃ ＝ ～なければ ～하지 않으면

7番 男の人と女の人が話しています。男の人は今テーブルに何を置きますか。

F：あなた、ちょっと手伝って。

M：うん。なにする?

F：おはし、テーブルに置いてね。

M：さらはどうすんの?

F：今はいいわ。あ、これこれ。

M：ナプキン?

F：うん。テーブルに食べ物が落ちたら汚いでしょう!

M：分かった。

🔊 男の人は今テーブルに何を置きますか。

남자와 여자가 이야기하고 있습니다. 남자는 지금 테이블에 무엇을 둡니까?

F : 당신, 좀 도와줘.

M : 응, 뭐 할까?

F : 젓가락을 테이블 위에 놓아줘.

M : 접시는 어떻게 해?

F : 지금은 괜찮아. 아, 이거 이거.

M : 냅킨?

F : 응, 테이블에 음식이 떨어지면 더럽잖아!

🔊 남자는 지금 테이블에 무엇을 둡니까?

1 접시와 젓가락

2 접시와 냅킨

3 젓가락과 냅킨 ✓

4 젓가락과 냅킨과 접시

> **어휘풀이** 置(お)く 두다　手伝(てつだ)う 돕다, 거들다
> おはし 젓가락　さら 접시　食(た)べ物(もの) 음식
> 落(お)ちる 떨어지다　汚(きたな)い 더럽다

8番 男の人と女の人が話しています。これから女の人はどうしますか。

M：すみません。この書類をコピーしたいんです。

F：コピーですね。私がしますよ。

M：あ、お願いします。

F：何枚ですか。

M：3枚です。コピーが終わったらファックスも送りたいんですが。

F：それも任してください。

M：どうもすみません。

🔊 これから女の人はどうしますか。

남자와 여자가 이야기하고 있습니다. 앞으로 여자는 어떻게 합니까?

M : 실례합니다, 이 서류를 복사하고 싶습니다.

F : 복사이군요. 제가 하겠습니다.

M : 아, 부탁합니다.

F : 몇 장입니까?

M : 3장입니다. 복사가 끝나면 팩스도 보내고 싶습니다만.

F : 그것도 맡겨주세요.

M : 대단히 죄송합니다.

🔊 앞으로 여자는 어떻게 합니까?

1 복사도 팩스도 하지 않는다

2 복사는 하지만, 팩스는 보내지 않는다

3 복사는 하지 않지만 팩스는 보낸다

4 복사를 하고 나서 팩스도 보낸다 ✓

> **어휘풀이** 書類(しょるい) 서류　何枚(なんまい) 몇 장
> 終(お)わる 끝나다　送(お)くる 보내다
> 任(まか)す 맡기다

문제2

문제2에서는 우선 질문을 들으세요. 그 후 문제용지를 봐 주세요. 읽을 시간이 있습니다. 그리고나서 이야기를 듣고 문제용지의 1부터 4중에서 가장 바른 답을 하나 고르세요.

1番 男の人と女の人が話しています。どうして男の人は北海道へ行きますか。

M：山田さんは北海道へ行ったことがありますか。

F：はい。高校生の時、夏休みに旅行に行きました。

M：そうですか。どんなところですか。

F：みんな親切で、とてもいいところですよ。それに、食べ物もおいしいです。

M：いいですね。私も来週北海道へ行くんです。

F：そうですか。旅行で行くんですか。

M：いいえ、出張です。

🔊 どうして男の人は北海道へ行きますか。

남자와 여자가 이야기하고 있습니다. 왜 남자는 훗카이도에 갑니까?

M：야마다 씨는 훗카이도에 간 적이 있습니까?

F：예. 고등학교 때, 여름방학에 여행 갔습니다.

M：그렇습니까? 어떤 곳입니까?

F：모두 친절하고, 매우 좋은 곳입니다. 게다가 음식도 맛있습니다.

M：좋군요. 저도 다음 주 훗카이도에 갑니다.

F：그렇습니까? 여행으로 갑니까?

M：아뇨, 출장입니다.

🔊 왜 남자는 훗카이도에 갑니까?

1 일 때문에 간다 ✔

2 여행 간다

3 맛있는 것을 먹으러 간다

4 여름방학이기 때문에 간다

어휘풀이 北海道(ほっかいどう) 훗카이도
高校生(こうこうせい) 고등학생　時(とき) 때
夏休(なつやす)み 여름방학　旅行(りょこう) 여행
親切(しんせつ)だ 친절하다　それに 게다가
食(た)べ物(もの) 음식　来週(らいしゅう) 다음 주
出張(しゅっちょう) 출장

🎧 N4-P3-10

2番 男の人と女の人が話しています。女の人は新しいカメラをどうしていますか。

M：新しいカメラ、買ったんだって？

F：うん。ちょっと高かったけどデザインもいいし、気に入ってるわ。でも、買ったときは何回も使ってみたけど、最近はほとんど使ってないの！

M：えっ、どうして？

F：私にとっては使い方がむずかしすぎるわ。説明書を全部覚えれば役に立つけどね。最近仕事が忙しくて…。また私、機械にはよわいのよ。

🔊 女の人は新しいカメラをどうしていますか。

남자와 여자가 이야기하고 있습니다. 여자는 새로운 카메라를 어떻게 하고 있습니까?

M：새로운 카메라를 샀다고 하던데.

F：응, 좀 비쌌지만, 디자인도 좋고 마음에 들어. 하지만 샀을 때는 몇 번이나 사용해 보았지만, 최근에는 거의 사용하지 않아.

M：뭐, 왜?

F：나한테는 사용 방법이 너무 어려워. 설명서를 전부 기억하면 도움이 되겠지만. 최근에 일이 바빠져서…. 또 나는 기계는 약해.

🔊 여자는 새로운 카메라를 어떻게 하고 있습니까?

1 어려워서 거의 사용하지 않는다 ✔

2 사용 방법은 어렵지만 매일 사용하고 있다

3 사용한 적이 한 번도 없다

4 편리하기 때문에 매일 사용하고 있다

어휘풀이 新(あたら)しい 새롭다　買(か)う 사다
高(たか)い 비싸다　気(き)に入(い)る 마음에 들다
最近(さいきん) 최근　何回(なんかい) 몇 번
使(つか)う 사용하다　使(つか)い方(かた) 사용방법
むずかしい 어렵다
형용사어간+すぎる 지나치게 ~하다
説明書(せつめいしょ) 설명서　全部(ぜんぶ) 전부
覚(おぼ)える 기억하다　役(やく)に立(た)つ 도움이 되다
仕事(しごと) 일　忙(いそが)しい 바쁘다
機械(きかい) 기계　よわい 약하다

🎧 N4-P3-11

3番 二人が吉田さんのボーイフレンドについて話しています。吉田さんのボーイフレンドはどんな人ですか。

F：ねね、吉田さんにボーイフレンドができたんだって。

M：そうだよ。先週会ってみたけどさ。

F：サクルの人？

M：いや、そうじゃない。

F：へーえ、で、どんな人だった？

M：前のボーイフレンド、あまり背が高くなかったよね！

F：そうそう。じゃ、今度はとても背が高いんだ。スポーツマン？

M：ううん、そうじゃなくて、ふーん、そうだな、まじめそうなタイプかな！

🔊 吉田さんのボーイフレンドはどんな人ですか。

두 사람이 요시다 씨의 남자친구에 관해서 이야기하고 있습니다. 요시다 씨의 남자친구는 어떤 사람입니까?

F : 봐, 요시다 씨에게 남자친구 생겼다고 해.

M : 그래. 지난주 만나 봤는데.

F : 서클에서 만난 사람?

M : 아냐, 그렇지 않아.

F : 음─, 근데 어떤 사람이었어?

M : 전 남자친구는 별로 키가 크지 않았잖아.

F : 맞아. 그럼 이번엔 키가 크구나. 스포츠맨?

M : 아니, 그렇지 않고 글쎄 뭐랄까. 성실해 보이는 타입이랄까!

🔊 요시다 씨의 남자친구는 어떤 사람입니까?

1 성실한 것 같고 키가 크지 않는 사람

2 성실한 것 같고 키가 큰 사람 ✔

3 스포츠맨이고 키가 크지 않는 사람

4 스포츠맨이고 키가 큰 사람

[어휘풀이] 二人(ふたり) 두 사람　できる 없는 것이 새로 생기다　先週(せんしゅう) 저번 주　会(あ)う 만나다　前(まえ) 앞　あまり 그다지　今度(こんど) 이번　背(せ)が 高(たか)い 키가 크다　まじめだ 성실하다

🎧 N4-P3-12

4番 男の人と女の人が話しています。男の人はどうして朝早く家を出ますか。

F : いつも何時ごろ家を出ますか。

M : 6時ごろです。

F : えっ！そんなに早く出られるんですか。

M : 仕事を始める前に健康のため運動をしているんですよ。また朝早いと電車もこんでないし、それに健康のためにもなるからいろいろいいですよ。

🔊 男の人はどうして朝早く家を出ますか。

남자와 여자가 이야기하고 있습니다. 남자는 왜 매일 아침 일찍 집에서 나옵니까?

M : 항상 몇 시에 집에서 나옵니까?

F : 6시경입니다.

M : 예? 그렇게 일찍 나오십니까?

F : 일을 시작하기 전에 건강을 위해서 운동을 하고 있습니다. 또 아침 일찍 나오면 전철도 붐비지 않고, 건강을 위해서이기도 하니까 여러 가지로 좋습니다.

🔊 남자는 왜 매일 아침 일찍 집에서 나옵니까?

1 전철이 빨리 달리기 때문에

2 운동을 하기 때문에 ✔

3 지각했기 때문에

4 일이 빨리 시작되기 때문에

[어휘풀이] 朝(まいあさ) 매일 아침　早(はや)く 빨리　家(いえ)を出(で)る 집에서 나오다　何時(なんじ) 몇 시　仕事(しごと) 일　始(はじ)める 시작하다　前(まえ) 앞, 전　健康(けんこう) 건강　運動(うんどう) 운동　電車(でんしゃ) 전철　こむ 붐비다　いろいろ 여러 가지

🎧 N4-P3-13

5番 女の人が話しています。これは何のテープですか。

F : はい、さくら書店でございます。お電話ありがとうございます。当店の営業は月よう日から土よう日までは午前10時から午後9時まで、日よう日は午前10時から午後7時までとなっております。申し訳ございませんが、営業時間内におかけ直しください。それから、ご注文はインターネットでもできますので、そちらもご利用ください。

🔊 これは何のテープですか。

여자가 이야기하고 있습니다. 이것은 무슨 테이프입니까?

F : 예, 사쿠라 서점입니다. 전화 감사합니다. 당점의 영업은 월요일부터 토요일까지는 오전 10시부터 오후 9시까지, 일요일은 오전 10시부터 오후 7시까지로 되어 있습니다. 죄송합니다만, 영업시간 내에 다시 걸어주세요. 그리고 주문은 인터넷에서도 할 수 있으니 그쪽도 이용해 주세요.

🔊 이것은 무슨 테이프입니까?

1 관광안내

2 자동응답전화기

3 가게 내 방송

4 사내방송

書店(しょてん) 서점
　　　　～でございます「～です(입니다)」의 정중한 표현
　　　　当店(とうてん) 당점　営業(えいぎょう) 영업
　　　　月(げつ)よう日(び) 월요일　土(ど)よう日(び) 토요일
　　　　午前(ごぜん) 오전　午後(ごご) 오후
　　　　日(にち)よう日(び) 일요일
　　　　申(もう)し訳(わけ)ない 죄송하다
　　　　時間内(じかんない) 시간 내　かけ直(なお)す 새로 걸다
　　　　注文(ちゅうもん) 주문　利用(りよう) 이용
　　　　観光(かんこう) 관광　案内(あんない) 안내
　　　　るす番電話(ばんでんわ) 자동응답전화기
　　　　店内(てんない) 가게 내　社内(しゃない) 사내

N4-P3-14

6番 男(ばん おとこ)の人(ひと)の説明(せつめい)を聞(き)いてください。この川(かわ)はどう
　して有名(ゆうめい)ですか。

M：この川(かわ)はとても有名(ゆうめい)です。何(なに)が有名(ゆうめい) かというと、
　　この川(かわ)の水(みず)は、日本(にほん)で一番(いちばん)きれいなんです。です
　　から、この川(かわ)の水(みず)は飲(の)むことができます。とても
　　おいしいです。そして水(みず)がきれいですから、川(かわ)の中(なか)
　　にはいろいろな魚(さかな)がいます。えー、この川(かわ)の近(ちか)く
　　に高(たか)い山(やま)があります。そこに雨(あめ)がたくさん降(ふ)って、
　　きれいな水(みず)ができるんですよ。

この川(かわ)はどうして有名(ゆうめい)ですか。

남자의 설명을 들어주세요. 이 강은 왜 유명합니까?

M：이 강은 매우 유명합니다. 무엇이 유명한가 하면, 이 강
　　물은 일본에서 가장 깨끗합니다. 그래서 이 강물은 마실
　　수가 있습니다. 매우 맛있습니다. 그리고 물이 깨끗하기
　　때문에 강 안에는 여러 가지 물고기가 있습니다. 이 강
　　근처에 높은 산이 있습니다. 거기에 많은 비가 내려서
　　깨끗한 물이 만들어지는 것입니다.

이 강은 왜 유명합니까?

1 일본에서 가장 길기 때문에

2 일본에서 가장 비가 많이 내리기 때문에

3 일본에서 가장 깨끗하기 때문에 ✔

4 일본에서 가장 맛있기 때문에

説明(せつめい) 설명　聞(き)く 듣다　川(かわ) 강
　　　　有名(ゆうめい) 유명　水(みず) 물　一番(いちばん) 가장
　　　　きれいだ 깨끗하다　中(なか) 안　魚(さかな) 물고기

近(ちか)く 근처　高(たか)い 높다　山(やま) 산
雨(あめ)が 降(ふ)る 비가 내리다　できる 만들어지다

N4-P3-15

7番 店(ばん みせ)の人(ひと)とお客(きゃく)さんが話(はな)しています。お客(きゃく)さんは
　いくら払(はら)うことになりましたか。

M：いらっしゃいませ。

F：すみません。テープレコーダーを見(み)せてください。

M：テープレコーダーですか。…これはどうでしょうか？
　　今年出(ことし で)た新(あたら)しいものでデザインもいいですよ。

F：はい、いいですね。いくらですか。

M：1万円(まんえん)ですが、今(いま)30%セールしているんですよ。

F：3千円(ぜんえん)も安(やす)くなるんですか。それはよかった。あ
　　のう、カードで払(はら)いますけど。

M：はい、よろしいですよ。あ、お客(きゃく)さま、このカード
　　だとさらに500円安(えんやす)くなりますよ。

F：あ、そうですか。

お客(きゃく)さんはいくら払(はら)うことになりましたか。

점원과 손님이 이야기하고 있습니다. 손님은 얼마를 지불하게
되었습니까?

M：어서 오세요.

F：실례합니다. 테이프 레코더를 보여주세요.

M：테이프 레코더말이세요? 이것은 어떻습니까? 올해 나온
　　새로운 것이고 디자인도 좋아요.

F：네, 좋군요. 얼마입니까?

M：만 엔입니다만, 지금 30% 세일하고 있어요.

F：3천엔이나 싸집니까? 그것 참 잘됐네요. 저, 카드로 지
　　불하겠습니다만.

남：네, 괜찮습니다. 아, 손님, 이 카드라면 500엔 더 싸집니
　　다.

여：아, 그래요?

손님은 얼마를 지불하게 되었습니까?

1 6000엔

2 6500엔 ✔

3 7000엔

4 9500엔

店(みせ) 가게　お客(きゃく)さん 손님
　　　　払(はら)う 지불하다　見(み)せる 보여주다

今年(ことし) 올해　出(で)る 나오다
新(あたら)しい 새롭다　〜万円(まんえん) 〜만 엔
お客(きゃくさま) 손님　さらに 한층 더　安(やす)い 싸다

문제3

문제3에서는 그림을 보면서 들어주세요. 화살표의 사람은 뭐라고 말합니까? 1부터 3 중에서 가장 바른 답을 고르세요.

 N4-P3-16

1番

M：警察に道を聞いています。何と言いますか。

F：1　すみません。いつ行けばよろしいんでしょうか。

　　2　すみません。道がこんでいて行けそうもありません。

　　3　すみません。ここから郵便局までの道を教えていただけますか。

M：경찰에게 길을 묻고 있습니다. 뭐라고 말합니까?

F：1　실례합니다. 언제 가면 좋습니까?

　　2　실례합니다. 길이 막혀 있어서 갈 수 있을 것 같지도 않습니다.

　　3　실례합니다. 여기서 우체국까지의 길을 가르쳐 주시겠습니까? ✔

어휘출전　警察(けいさつ) 경찰　道(みち) 길　聞(き)く 묻다
こむ 붐비다　동사ます형+そうもない 〜할 것 같지도 않다
郵便局(ゆうびんきょく) 우체국　教(おし)える 가르치다

 N4-P3-17

2番

F：コピーをしようとしています。何と言いますか。

M：1　どのボタンを押せばいいの。

　　2　修理に出したほうがいいよ。

　　3　コピーはもう終わったよ。

F：복사를 하려고 하고 있습니다. 뭐라고 말합니까?

M：1　어떤 버튼을 누르면 돼? ✔

　　2　수리를 맡기는 편이 좋아.

　　3　복사는 이미 끝났어.

어휘출전　동사의지형+と する 〜하려고 하다　押(お)す 누르다
修理(しゅうり)に 出(だ)す 수리를 맡기다
終(お)わる 끝나다

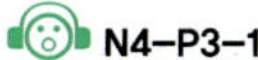 N4-P3-18

3番

M：店員がお客さんにたばこのことで聞いています。何と言いますか。

F：1　喫煙席と禁煙席とどちらがよろしいですか。

　　2　ミカンとリンゴとどちらがよろしいですか。

　　3　長いのと短いのとどちらがよろしいですか。

M：점원이 손님에게 담배에 관해 묻고 있습니다. 뭐라고 말합니까?

F：1　흡연석과 금연석 어느 쪽이 좋습니까? ✔

　　2　귤과 사과와 어느 쪽이 좋습니까?

　　3　긴 것과 짧은 것 어느 쪽이 좋습니까?

어휘출전　店員(てんいん) 점원　お客(きゃく)さん 손님
聞(き)く 묻다　喫煙席(きつえんせき) 흡연석
禁煙席(きんえんせき) 금연석　長(なが)い 길다
短(みじか)い 짧다

N4-P3-19

4番

F：部長が男の人に言いたいことがあります。何と言いますか。

M：1　山田君、ちょっと話が聞こえないよ。

　　2　山田君、ちょっと無理だな。

　　3　山田君、ちょっとこっちに来てくれ。

F：부장님이 남자에게 말하고 싶은 것이 있습니다. 뭐라고 말합니까?

M：1　야마다 군, 좀 이야기가 들리지 않아.

　　2　야마다 군, 좀 무리야.

　　3　야마다 군, 잠시 이쪽으로 와. ✔

어휘출전　部長(ぶちょう) 부장　話(はなし) 이야기
聞(き)こえる 들리다　無理(むり) 무리　来(く)る 오다

N4-P3-20

5番

M：娘が昨日遅く帰ってきてしかっています。何と言いますか。

F：1　夕べ、食事もしないで早く寝たのはなぜか教えてよ。

　2　夕べ、帰ってくるのがあんなに遅かったのはな
　　ぜか教えてよ。

　3　夕べ、かぜをひいたのに薬を飲まなかったのは
　　なぜか教えてよ。

M：딸이 어제 늦게 돌아와서 꾸짖고 있습니다. 뭐라고 말합
　　니까?

F：1　어젯밤, 식사도 하지 않고 빨리 잤던 것은 왠지 가르
　　　쳐 줘.

　　2　어젯밤, 귀가가 그렇게 늦었던 것은 왠지 가르쳐 줘. ✓

　　3　어젯밤, 감기 들었는데 약을 먹지 않았던 것은 왠지
　　　가르쳐 줘.

　　　娘(むすめ) 딸　遅(おそ)い 늦다
　　　帰(かえ)る 돌아오다(가다)　夕(ゆう)べ 어젯밤
　　　食事(しょくじ) 식사　寝(ね)る 자다
　　　教(おし)える 가르치다　かぜをひく 감기 들다
　　　薬(くすり)を飲(の)む 약을 먹다

문제4

문제4에서는 그림 등이 없습니다. 우선 문장을 들으세요. 그리고
그 대답을 듣고, 1부터 3중에서 올바른 것을 하나 고르세요.

N4-P3-21

1番

M：すみません。鉛筆をください。

F：1　何才ですか。

　　2　何本ですか。

　　3　何人ですか。

M：실례합니다. 연필을 주세요.

F：1　몇 살입니까?

　　2　몇 자루입니까? ✓

　　3　몇 사람입니까?

　　鉛筆(えんぴつ) 연필　何才(なんさい) 몇 살
　　何本(なんぼん) 몇 자루　何人(なんにん) 몇 사람

N4-P3-22

2番

F：電気をつけましょうか。

M：1　ええ、わかりました。

　　2　ええ、つけました。

　3　ええ、お願いします。

F：불을 켤까요?

M：1　예, 알겠습니다.

　　2　예, 켰습니다.

　　3　예, 부탁합니다. ✓

　　電気(でんき) 전기　つける 켜다　わかる 알다

N4-P3-23

3番

M：ここでたばこをすってもいいですか。

F：1　はい、すいたいです。

　　2　いいえ、すいません。

　　3　いいえ、すってはいけません。

M：여기서 담배를 펴도 됩니까?

F：1　예, 피고 싶습니다.

　　2　아뇨, 피지 않습니다.

　　3　아뇨, 피워서는 안 됩니다. ✓

　　すう 피다　〜ては いけない 〜해서는 안 된다

N4-P3-24

4番

F：車の運転できる?

M：1　うん、もうできた。

　　2　ううん、できない。

　　3　うん、してください。

F：자동차 운전 할 수 있어?

M：1　응, 이미 다 되었어.

　　2　아니, 못 해. ✓

　　3　응, 해 주세요.

　　車(くるま) 자동차　運転(うんてん) 운전
　　もう 이미, 벌써　できる 완성되다

N4-P3-25

5番

M：駅まで遠いですか。

F：1　はい、駅があります。

　　2　電車に乗ります。

　　3　いいえ、近いです。

M：역까지 멉니까?

F：1 예, 역이 있습니다.

　　2 전철을 탑니다.

　　3 아뇨, 가깝습니다. ✓

 駅(えき) 역　遠(とお)い 멀다　電車(でんしゃ) 전철
　　　乗(の)る 타다　近(ちか)い 가깝다

6番

F：これは何(なに)で食(た)べますか。

M：1 すしを食(た)べます。

　　2 一人(ひとり)で食(た)べます。

　　3 はしで食(た)べます。

F：이것은 무엇으로 먹습니까?

M：1 초밥을 먹습니다.

　　2 혼자서 먹습니다.

　　3 젓가락으로 먹습니다. ✓

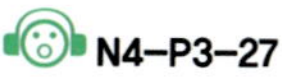 何(なに)で 무엇으로　食(た)べる 먹다
　　　一人(ひとり) 혼자　はし 젓가락

7番

M：今日(きょう)の午後(ごご)、出(で)かけますか。

F：1 はい、家(いえ)にいます。

　　2 はい、映画(えいが)を見(み)に行(い)きます。

　　3 もう1時(じ)になりました。

M：오늘 오후 외출합니까?

F：1 예, 집에 있습니다.

　　2 예, 영화를 보러 갑니다. ✓

　　3 이미 1시가 되었습니다.

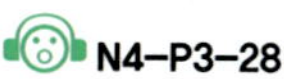 今日(きょう) 오늘　午後(ごご) 오후
　　　出(で)かける 외출하다　家(いえ) 집
　　　映画(えいが) 영화　見(み)る 보다　もう 이미, 벌써

8番

F：くつを脱(ぬ)いだほうがいいですか。

M：1 いいえ、脱(ぬ)いでください。

　　2 いいえ、はいたままでいいです。

---

　　3 はい、買(か)ったばかりです。

F：신발을 벗는 편이 좋습니까?

M：1 아뇨, 벗어 주세요.

　　2 아뇨, 신은 채로 좋습니다. ✓

　　3 예, 막 샀습니다.

脱(ぬ)ぐ 벗다　～たほうがいい ～하는 편이 좋다
　　はく 신다　동사과거형+まま ～한 채로　買(か)う 사다
　　동사과거형+ばかり 막 ～하다

유토리 일본어능력시험 N4(길잡이 해설서)

저자 이장우
초판 1쇄 인쇄 2011년 10월 10일
초판 1쇄 발행 2011년 10월 17일

발행인 박효상
편집책임 임수진
편집 김효주
디자인책임 손정수
디자인 윤영선
마케팅책임 이종선
마케팅 이태호, 이전희

발행처 사람in
출판등록 제 10-1835호
주소 121-839 서울 마포구 서교동 378-16 4F
전화 02-338-3555
팩스 02-338-3545
이메일 saramin@netsgo.com
홈페이지 www.saramin.com

ISBN 978-89-6049-275-2 18730
      978-89-6049-178-6 (set)